C.H.BECK  WISSEN

in der Beck'schen Reihe

Die Inka, die sich als heilige Nachkommen der Sonne bezeichneten, herrschten über ein Gebiet, das vom Hochland
Ecuadors im Norden bis Mittelchile im Süden, vom Pazifik im
Westen bis zu den Anden im Osten reichte. Aufgrund der
Quellen, die auf historischen Traditionen der Inka beruhen,
schildert dieses Buch die Entstehung des Inka-Reiches, seine
dynastischen Prinzipien und religiösen Riten, die soziale Ordnung und historische Ereignisse.

Catherine Julien lehrt und forscht am Department für Geschichte der Western Michigan University (USA).

Catherine Julien

DIE INKA

Geschichte, Kultur, Religion

Aus dem Englischen von
Kerstin Nowack

Verlag C.H. Beck

Mit 13 Abbildungen und 8 Karten

1. Auflage. 1998
2., durchgesehene Auflage. 2001
3. Auflage. 2003

4. Auflage. 2007

Originalausgabe
© Verlag C.H.Beck oHG, München 1998
Gesamtherstellung: Druckerei C.H.Beck, Nördlingen
Umschlagentwurf: Uwe Göbel, München
Printed in Germany
ISBN 978 3 406 41875 4

www.beck.de

Inhalt

Verzeichnis der Tabellen und Karten

1. Einführung

Als Francisco Pizarro und seine spanischen Begleiter im Dezember 1533 Cuzco erreichten, wurden sie von den Inka dort als Befreier begrüßt. Sie hatten Atahuallpa, einen der Söhne Huayna Capacs (Tabelle 1), im nördlichen Hochland des heutigen Peru, in Cajamarca, gefangengenommen, und es schien, als wären sie aus dem Nirgendwo gekommen, um die Sache seines Bruders Huascar zu unterstützen, jenes Sohnes, der nach dem Tod Huayna Capacs die Nachfolge angetreten hatte. Atahuallpa hatte seinem Vater als Anführer während eines langen Krieges an der Nordgrenze des Inkareiches gedient, und als Huayna Capac starb, war die Armee im Norden unter seinem Befehl geblieben. Huascar, von seinem Vater in Cuzco zurückgelassen, nahm zu Recht an, daß es zu einer Auseinandersetzung mit seinem Bruder kommen werde. Ein Krieg zwischen den beiden brach aus. Zum Zeitpunkt von Pizarros Ankunft hatte Atahuallpa den Krieg gewonnen, und Huascar war gefangengenommen worden. Pizarros Eingreifen in Cajamarca stellte eine plötzliche und völlig unvorhersehbare Wende für Huascars Seite dar.

Huascar, bei Pizarros Ankunft ein Gefangener der Truppen Atahuallpas, wurde auf Befehl seines Bruders – der sich zu dieser Zeit bereits in der Hand der Spanier befand – getötet, bevor er in das spanische Lager gebracht werden konnte. In Cajamarca befahl Pizarro seinerseits die Hinrichtung Atahuallpas. Als er die Hauptstadt der Inka, Cuzco, im südlichen Hochland des heutigen Peru erreichte, traf er auf einen weiteren Bruder, Manco Inca, der von den Inka in Cuzco zum nächsten Herrscher gewählt worden war. Pizarro und Manco verbündeten sich, um, so nahm zumindest Manco an, gegen Atahuallpas Truppen zu kämpfen, die noch nicht besiegt worden waren.[1]

Die glücklichen Umstände seiner Ankunft und seine skrupellose Tat gaben Pizarro ein mächtiges Reich der Neuen Welt in die Hand. Die Inka herrschten über ein Gebiet, das vom

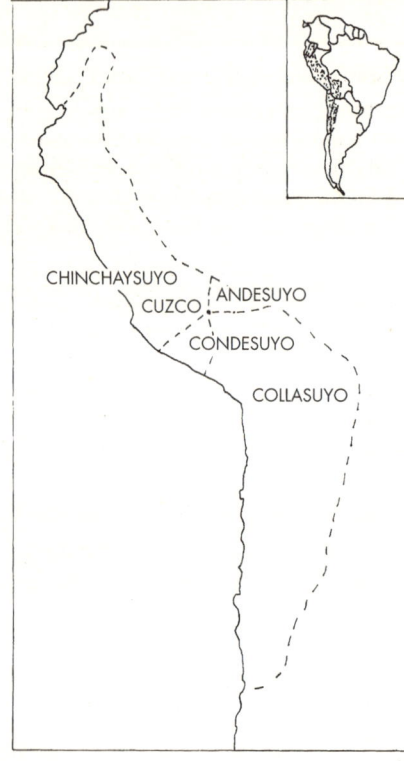

Karte 1:
(nach Hyslop 1990)

Hochland Ekuadors im Norden bis Mittelchile im Süden reichte. Im Westen bildete der Pazifik die Grenze, die Ostgrenze befand sich auf den niedrigeren Stufen der Andenkette im Amazonas- und Chaco-Becken.[2]

Die Inka nannten dieses Gebiet „Tahuantinsuyo" oder „die vier Teile" (Karte 1). Die wesentliche Unterteilung war jedoch in Hälften, Hanansaya und Hurinsaya. Die Teilung in *saya* war typisch für die meisten Gebiete, über die die Inka herrschten; die Stadt Cuzco selbst war in Hanan- und Hurinsaya gegliedert. Hanansaya bestand noch aus zwei weiteren Teilen: Chinchaysuyo und Andesuyo. Hurinsaya umfaßte die übrigen beiden Teile: Collasuyo und Condesuyo. Die *saya/suyo*-Gliederung konnte durch Bezug auf den menschlichen Körper beschrieben werden: Wenn jemand (in Cuzco) mit seinem Rücken zur aufgehenden Sonne stand, lagen Chinchaysuyo und Andesuyo auf der rechten Seite, Collasuyo und Condesuyo befanden sich links.[3] Die Teile waren nicht gleichwertig: Chinchaysuyo und Collasuyo waren größer und hatten ein höheres Prestige als Andesuyo und Condesuyo.

Das Tahuantinsuyo umfaßte Teile des Territoriums von fünf heutigen Anden-Republiken. Wenn wir den Aufwand der Inka beim Bau von Straßen und Brücken, bei Projekten zur Wasserkontrolle und bei der Umsiedelung von Bevölkerung zwischen Regionen, der Koordinierung des Ackerbaukalenders zwischen verschiedenen ökologischen Zonen und schließlich bei der Nutzung von Ressourcen in weit entfernten Gebieten betrachten, beeindrucken uns die Fähigkeiten der andinen Bevölkerung genauso wie einst die Spanier, die als erste das Inkareich betraten. Wenn wir zu den Leistungen der Inka außerdem die Entwicklung der Bronzeherstellung, des fein eingepaßten Steinmauerwerks, hervorragende Tapisserie-Webereien und andere Handwerksleistungen hinzufügen, die alle während des relativ kurzen Zeitraums der Inkaherrschaft entstanden, dann bekommen wir einen Eindruck von der Höhe des Erreichten bei diesen Gesellschaften vor ihrem Kontakt mit Europa.

Die technischen und künstlerischen Leistungen der Inka waren die Folge eines Entwicklungsprozesses von Jahrtausenden andiner Kultur, dabei waren die Inka die Erben früherer andiner Staaten, wie die Ergebnisse archäologischer Forschungen gezeigt haben. Es gab allerdings vor der Ankunft der Europäer keine Schrift. Um die verschiedenen Arten von Informationen aufzuzeichnen, die für die Verwaltung eines großen Reiches notwendig sind, benutzten die Inka Knotenschnüre, *quipo* genannt. Von einer Hauptschnur hingen eine Anzahl Schnüre mit Knoten herab. Die Informationen wurden verschlüsselt, indem man verschiedenfarbige Schnüre und verschiedene Knotentypen verwendete. Am einfachsten konnten durch diese Knoten numerische Informationen festgehalten werden (Abb. 1). Die Position der Knoten auf einer Schnur zeigte

Abb. 1.: Ein Beamter zeigt Topa Inca einen *quipo* (Guaman Poma de Ayala, 1936, S. 335 [337]).

an, welchen Platz im Dezimalsystem eine Zahl einnahm.[4] Die Inka benutzten die *quipo* für Zensus- und andere Zahlenangaben. *Quipo* wurden auch für nicht-numerische Listen verwendet (siehe Tabelle 5) sowie als Hilfen, um mündliche Berichte über die Inka-Herrscher aufzuzeichnen. In diesem Fall waren die Menschen, die die Knoten anbrachten oder durch sie ausgebildete Personen die einzigen, die diese *quipo* entziffern konnten. Als die Spanier über die Inka schrieben, hielten sie viele Aspekte andiner Kultur fest, die schwer, wenn nicht sogar überhaupt nicht archäologisch erforscht werden können. Historiker und Ethnologen, die sich mit den Anden beschäftigen, haben daher ihre Aufmerksamkeit häufig den Inka gewidmet, da ihre Kultur uns dank der Schriften der Spanier besser zugänglich ist.

Über die Inka gibt es schriftliche Zeugnisse, aber diese sind nicht unproblematisch. Die Spanier beherrschten am Anfang

10

nicht das gesamte Inkareich und wußten in den ersten Jahren nach ihrer Ankunft in Cuzco nur wenig darüber. Erst die fortgesetzten Entdeckungszüge führten dazu, daß um 1540 der größte Teil des Gebiets, das einst der Herrschaft Cuzcos unterstand, von Spaniern unter Führung Francisco Pizarros erobert worden war. Obwohl die Spanier eng mit Angehörigen der inkaischen Elite und anderen Einheimischen zusammenlebten, befanden sie sich zunächst am Rand einer Welt, die ihrer gewohnten Kultur sehr fremd war, und beobachteten von dort als Augenzeugen die Ordnung, die die Inka aufgebaut hatten. Zunächst schrieben sie einfach ihre Beobachtungen auf; sie waren beispielsweise besonders von den monumentalen Bauten der Inka beeindruckt. Was wir über die Inka erfahren können, ist in solchen Berichten zu finden, aber viele wichtige Aspekte andiner Kultur wurden kaum wahrgenommen oder übersehen.

Ein offizieller Bericht der Ereignisse bei der Eroberung wurde von Francisco Pizarros Sekretär verfaßt und 1534 veröffentlicht. Verschiedene andere Spanier verfaßten in den ersten Jahren nach der spanischen Eroberung sogenannte Chroniken. Was sie beobachteten und erlebten, schrieben sie auf, aber ihr Zugang zu dieser an sich fremden Welt war noch sehr begrenzt. Dennoch sind ihre Berichte oder Chroniken alles, was wir über die Zeit der Herrschaft der Inka-Dynastie in den Anden besitzen.

Von den Werken aus den ersten Jahrzehnten nach dem spanischen Einfall wurde nur ein einziges von einem Angehörigen der Inka-Elite verfaßt. Titu Cusi Yupanqui, Kopf der Dynastie an ihrem Zufluchtsort in Vilcabamba, diktierte einen Bericht an den spanischen König über die Behandlung seiner Vorfahren durch die Spanier (1570). Er behandelte aber nur die Ereignisse nach der Ankunft der Spanier und nicht die vorspanische Zeit.[5]

Das Interesse an der Geschichte der Inka setzte erst etwa ein Jahrzehnt nach dem Einfall Pizarros ein. Zu diesem Zeitpunkt hatten die Spanier entdeckt, daß die Inka durchaus Mittel zur Weitergabe von Informationen über ihre Vergangenheit hatten, indem sie entweder die Informationen gezielt auswendig lernen ließen oder Erinnerungshilfen wie die *quipo*, die Knotenschnüre, benutzten. Zumindest eine Gattung der Geschichtserinnerung wurde öffentlich vorgetragen: Die *cantares*, wie sie auf spanisch hießen, wurden gesungen oder rezitiert. Sie mußten auswendig gelernt werden, und man kann vermuten, daß ihr Versmaß dabei half, den Inhalt genau weiterzugeben. Eine zweite Gattung waren Malereien auf hölzernen Tafeln mit Angaben über einzelne Persönlichkeiten. Eine dritte Gattung schließlich war eine Form nicht-öffentlicher Berichte, die Informationen über Eroberungen und Tribute für denjenigen, der einmal Nachfolger des Herrschers werden sollte, festhielten. Angaben aus solchen inkaischen Quellen wurden in die spanischen Geschichtswerke aufgenommen, und Angehörige der Elite Cuzcos haben noch im 17. Jahrhundert Berichte über ihre Vergangenheit tradiert, auch wenn die eben beschriebenen verschiedenen Gattungen nicht alle erhalten geblieben sind oder zumindest sehr verändert wurden.[6]

Spanische Autoren geben selten die genauen Quellen ihrer Texte an, so daß wir nicht wissen, woher sie ihre Informationen bekamen. Wir können nicht beurteilen, ob sie Gehörtes genau niederschrieben (und übersetzten) oder ihr Quellenmaterial frei nacherzählten, zusammenfaßten und interpretierten. Daß sie inkaische Quellen benutzten, ist sicher. Sie schrieben weit mehr über die Geschichte der Inka (und weit weniger über die anderen Völker Südamerikas), weil sie auf einheimische historische Überlieferungen zurückgreifen konnten.

Obwohl ihre Darstellungen auf inkaischen Überlieferungen beruhten, so ist doch keine direkte Niederschrift historischer Traditionen der Inka erhalten, da alle Geschichtswerke auf spanisch verfaßt wurden. Selbst wenn Überlieferungen der Inka relativ genau übersetzt wurden, birgt die Übertragung in eine andere Sprache Probleme für unser Verständnis.

Die Spanier haben dem ihnen Erzählten vermutlich eine chronologische Ordnung gegeben, das heißt, sie haben die inkaische in eine den Spaniern geläufige Form übertragen. Wenn beispielsweise die Spanier ihre Informationen von den

Bewahrern der Lebensgeschichten einzelner Herrscher gesammelt haben, dann ist die historische Abfolge der Inka-Herrscher, die sich in den meisten Geschichtswerken findet, möglicherweise die Folge einer Interpretation der Quellenangaben,
da eine chronologische Abfolge wie in der spanischen Ge-
schichtsschreibung eingeführt wurde. Die Abfolge der Herrscher wäre dann eine Hispanisierung der ursprünglichen inkaischen Überlieferung.[7]

Eine der ersten Darstellungen über die Geschichte der Inka
ist im zweiten Band des umfangreichen Werkes von Pedro
Cieza de León enthalten, eines spanischen Soldaten, der mit
dem Gouverneur von Peru 1549–1550 das Land bereiste. Er
erzählt die Geschichte der Inka-Dynastie von der Zeit ihres
mythischen Ursprungs und ersten Ahnen, Manco Capac, bis
zur Ankunft der Spanier, ein Zeitraum von elf Generationen
(Tabelle 1). Cieza schrieb die historischen Traditionen der
Inka nieder, wie sie in Cuzco von Spezialisten mündlich über-
liefert wurden, und bemerkt, daß er sich in Cuzco und den
Provinzen auf prominente Angehörige des Inka-Adels als
Quellen verlassen habe.[8]

Tabelle 1: Inka-Herrscher
seit Anfang des 15. Jahrhunderts bis 1532

	Inka-Herrscher	Panaca
1	Manco Capac	Chima
2	Sinchi Roca	Raura
3	Lloque Yupanqui	Awayni
4	Mayta Capac	Usca Mayta
5	Capac Yupanqui	Apu Mayta
6	Inca Roca	Vica Quirao
7	Yahuar Huaca	Aucaylli
8	Viracocha Inca	Sucso
9	Pachachuti Inca Yupanqui	Iñaca
10	Topa Inca Yupanqui	Capac
11	Huayna Capac	Tumipampa
	Huascar	
	Atahuallpa	

Der Inhalt anderer Geschichtswerke, die von Spaniern kurz nach der Eroberung verfaßt wurden, entspricht in groben Zügen Ciezas Bericht, d. h. sie beginnen mit dem mythischen Ursprung Manco Capacs und berichten über die Ereignisse in den folgenden zehn Generationen. Obwohl diese Berichte – dies mag überraschen – in vielen Einzelheiten der dynastischen Abfolge voneinander abweichen, berichten sie doch weitgehend übereinstimmend über die Expansion durch Eroberung des Inka-Reiches, die größtenteils unter den letzten drei Inka-Herrschern stattfand: Pachacuti, Topa Inca und Huayna Capac. Verschiedene spanische Autoren geben an, daß Angehörige der Inka-Elite ihre Informanten waren. Ein Historiker aus dem 17. Jahrhundert, der Jesuit Bernabé Cobo, benutzte, wie er schreibt, das Manuskript eines älteren Autors, aber fast dieselben Informationen konnten noch zu seiner Zeit in Cuzco gesammelt werden. Er erwähnt, daß nur die Inka diese Geschichten kannten und daß andere Indianer nichts davon wußten.[9]

Die damaligen Darstellungen spanischer Autoren sind die Grundlage für alle späteren Werke über die Inka. Alle Texte sind darüber hinaus zeitgebunden. Vom 16. Jahrhundert bis ins 19. Jahrhundert wurde der Staat der Inka studiert, um sogenannte primitive Gesellschaften zu verstehen. Primitive Gesellschaften waren ein Konstrukt der Evolutionisten, die glaubten, alle Gesellschaften auf der Erde hätten ähnliche Entwicklungsstufen durchlaufen.[10] Erst in der zweiten Hälfte des 19. Jahrhunderts begann man, die alten erzählenden Werke zu benutzen, um eine Geschichte der Inka zu schreiben[11] – Geschichte im Sinne einer chronologischen Erzählung von Ereignissen, von denen man glaubte, sie seien tatsächlich geschehen. Da die Erzählungen über die Inka entsprechend der dynastischen Abfolge chronologisch geordnet werden konnten, lag es nahe, sie für die Historiographie zu verwenden.

In neuerer Zeit ist jedoch vorgebracht worden, daß die Spanier keine Form (oder mehrere Formen) von Geschichte festhielten, sondern Mythen, in denen die inkaische Sozialorganisation beschrieben war.[12] Eine implizite Annahme, die ihren Ursprung in dem Begriff der primitiven Gesellschaft hat, besagt, daß primitives Denken sich von unserem unterscheidet und Ereignisse nicht in einer chronologischen Reihenfolge festhält. Das primitive Denken erzeugt Mythen, nicht Geschichte.[13] Doch obwohl die inkaischen Formen historischer Überlieferung sich von den historischen Traditionen der Spanier unterschieden, wurde bisher nicht versucht, ihre Eigenart zu definieren. Wir können nicht annehmen, daß die Spanier die mündlichen Traditionen fehlerlos in eine europäische Form umwandelten, aber genauso falsch erscheint die Annahme, daß die Inka keine eigene historische Sicht entwickelt hätten. Zweifellos ist ein Teil des Materials, das die Spanier verwendeten, legendär. Beispielsweise hat ein Forscher festgestellt, daß die Geschichten über Mayta Capac, den 4. Herrscher, solchen über Herkules ähneln.[14] Auch legendäre Einzelheiten wurden zusammen mit normalen Ereignissen in einer nahtlosen Erzählung verarbeitet, die als „wahr" angesehen wurde.

Von einiger Bedeutung ist es, daß Nicht-Inka, die außerhalb Cuzcos von Spaniern befragt wurden, ähnliche Informationen über die Inka-Herrscher gaben, die für die Expansion verantwortlich waren. Viele Zeugen kannten Huayna Capac, den 11. Herrscher; andere kannten auch seinen Vater Topa Inca oder hatten von ihren Vorfahren von ihm gehört. In Chincha, einem Tal an der Südküste des heutigen Peru, wurde eine Abfolge von vier lokalen Herrschern festgehalten, die bis zur Generation Pachacutis, des 9. Inka-Herrschers, zurückreichte, was die vermutete zeitliche Abfolge bei den Inka-Herrschern bestätigt.[15]

In der folgenden Darstellung soll aus den genannten Quellen eine Sicht der Inka-Geschichte entwickelt werden. Zwei Geschichtswerke sind besonders wichtig: Das erste wurde 1551 von Juan de Betanzos geschrieben, der mit Angelina Yupanqui verheiratet war, einer Frau aus dem inkaischen Hochadel und Mitglied der Abstammungsgruppe Pachacutis. Betanzos' enge Verbindung zu wichtigen Mitgliedern der Inka-Dynastie und seine Kenntnisse ihrer Sprache ermöglichten ihm den Zugang zu den dynastischen Überlieferungen. Er gibt sehr viele Daten über Pachacuti, den 9. Herrscher, wieder, und die überlieferte Lebensgeschichte dieses Herrschers könnte seine Quelle gewesen sein.[16]

Die andere Geschichtsdarstellung war von Pedro Sarmiento de Gamboa verfaßt worden. Sarmiento gehörte zum Gefolge des Vizekönigs Francisco de Toledo. Im Auftrag des Vizekönigs stellte er 1572 eine Geschichte nach Angaben von Mitgliedern der Inka-Dynastie zusammen. Obwohl er schreibt, seine Informationen stammten direkt aus der mündlichen Überlieferung der Inka, scheint sein Bericht auch Daten zu enthalten, die von der spanischen Verwaltung und anderen über die Dynastie gesammelt worden waren.[17] Sarmientos Bericht über das Leben Pachacutis behandelt dieselben Themen, die sich auch bei Betanzos finden, wenn auch nicht immer in derselben Reihenfolge. Er könnte Betanzos' Manuskript benutzt haben. Aber trotz der strukturellen Ähnlichkeit bei den behandelten Themen, sind die Darstellungen der beiden Autoren so unterschiedlich, daß umfangreiche Textkopien ausgeschlossen werden können. Da die mündlichen Überlieferungen der Inka mit Hilfe von *quipo* festgehalten wurden und diese Form sich für Aufzählungen von Informationen anbietet, kann ein von beiden genutzter mündlicher Bericht über die Lebenszeit dieses Herrschers die strukturellen Ähnlichkeiten erklären. Die *quipo*, die Pachacutis Leben festhielten, wurden zusammen mit der Mumie des Herrschers gefunden, als Polo Ondegardo, ein spanischer Beamter, 1559 nach den mumifizierten Überresten der Inka-Herrscher suchte (die noch immer als Kultobjekte dienten). Dies ist ein weiterer Beweis für diese Hypothese.[18]

Sarmiento und Betanzos sind eine wichtige Grundlage der folgenden Darstellung. Neben einer Übersicht über die Eroberungen der Inka geben beide Autoren auch zahlreiche Informationen über die soziale Organisation Cuzcos, sowohl vor der Ausdehnung des Reiches als auch danach. Tatsächlich ist die Reihenfolge der Ereignisse nicht so wichtig, und es wird nicht behauptet, daß sie historisch korrekt sei.

Als die Spanier die Herrschaft über das Reich an sich rissen, übernahmen sie die Verwaltung eines Gebietes, das für die Versorgung der Armeen der Inka und Unterstützung der Unternehmungen der herrschenden Elite bestimmt war. Die Spanier begannen sofort, im Andengebiet Wirtschaftsformen einzuführen, die ihnen erlaubten, ein Leben wie in ihrer europäischen Heimat zu führen. Bei diesem Unterfangen wurden sie überall von den vorhandenen Organisationsformen behindert. In zwei Kapiteln dieses Buches (Kapitel 6 und 7) werden spanische Verwaltungsdokumente unsere wichtigsten Informationsquellen für die Herrschaft der Inka in den Provinzen sein. Es ist nicht leicht, die Natur der inkaischen Territorialorganisation zu klären, da die Dokumente sich nicht ausdrücklich darauf beziehen, wie die Zustände in der Vergangenheit waren, sondern zeitgenössischen spanischen Zwecken dienen. Angaben aus diesen Quellen können aber zusammen mit Informationen aus den Geschichtswerken dazu dienen, ein Bild von der vergangenen Welt der Inka zu entwerfen.

Cuzco steht im Mittelpunkt dieser Studie, und die religöse Erhöhung der Dynastie ist ihr Kern. Es gibt keine „inkaische Version" der Geschichte, aber indem wir ihren Standpunkt einnehmen, können wir uns ihrer Sicht annähern. Dabei sollte man versuchen, keine vorgegebenen Kategorien bei ihrer Beschreibung zu verwenden. Eine genaue Kenntnis des primären Quellenmaterials führt zur Entwicklung neuer Kategorien. Diese Studie bringt verschiedene Aspekte dessen zusammen, was die Ethnologen als Weltsicht bezeichnen und was man bei der Beschreibung europäischer Kulturen in Kategorien wie Religion, Wissenschaft und politische Ideologie aufteilt. Wenn in den folgenden Kapiteln von dem übernatürlichen Status der Inka-Herrscher, von der zeremoniellen Organisation Cuzcos und von der Beziehung zwischen der Dynastie und natürlichen Felsformationen die Rede ist, dann handelt es sich dabei um verschiedene Aspekte inkaischer Glaubensüberzeugungen. Diese kann man nicht von dem inkaischen Verständnis der natürlichen Umwelt trennen, also von dem, was wir als Wissenschaft bezeichnen würden.

Auch wenn wir uns ernsthaft bemühen, die Weltsicht eines zeitlich und räumlich weit entfernten Volkes zu verstehen, und obwohl diese Studie versucht, die Perspektive der Inka zu vertreten, bleibt das Endprodukt doch immer unsere eigene Sicht. So wie die Technik, dreidimensionale Gegenstände zweidimensional wiederzugeben, eine wichtige Entwicklung in der westlichen Kunst war, so hat sich unsere Fähigkeit, Bilder der Vergangenheit zu entwickeln, seit Beginn der ersten Untersuchungen über die Inka entwickelt. Wie eine perspektivische Zeichnung, sind unsere Bilder nicht identisch mit dem Original, sondern nur eine Annäherung.

2. Die Entstehung des Inkareiches

Ein Bericht über den Ursprung und die Herkunft der Inka findet sich in dem Geschichtswerk von Sarmiento de Gamboa. Vier Brüder und vier Schwestern, von denen zwei die Ahnen der Inka-Dynastie werden sollten, kamen aus dem mittleren von drei Fenstern an einem Ort namens Tambotoco hervor. Aus den seitlichen Fenstern kletterten zwei andere Vorfahren mit den Namen Maras und Sutic. Menschen, die von diesen beiden anderen Vorfahren abstammten, lebten in Cuzco, als Sarmiento sein Buch schrieb. Die Geschichte erklärt auch, welche anderen Abstammungsgruppen aus der Gegend von Tambotoco mit den Inka nach Cuzco gekommen waren und welche dort bereits siedelten, als die Inka in die Gegend kamen. Sarmientos Geschichte behandelt nicht nur den Ursprung der Inka: Sie erklärt, wie die verschiedenen Gruppen von Einwohnern in die Gegend von Cuzco kamen. Indirekt ist es eine Beschreibung der Sozialorganisation der Stadt.[19]

Tambotoco befand sich auf einem Hügel nahe Pacaritambo, etwa 30 km südlich von Cuzco (Karte 2). Obwohl keine Anlage mit drei Fenstern in dieser Gegend entdeckt wurde, gibt es dort eine Höhle, die als der inkaische Ursprungsort aus den Mythen identifiziert wurde. Der Ort war ein wichtiges Heiligtum der Inka und könnte von ihnen baulich verändert worden sein; möglicherweise wies er einst drei Fenster auf. Zwei relativ späte Quellen bilden die drei Fenster als quadratische Nischen ab, und eine Quelle stellt sie in einer horizontalen Reihe dar.[20] Ob diese Darstellung rein symbolisch war oder auf dem Aussehen des Heiligtums beruhte, werden wir vielleicht nie wissen, da das Heiligtum offenbar die Aufmerksamkeit der spanischen Missionare erregt hat, die schon bald nach der spanischen Einnahme Cuzcos solche Orte suchten, um sie zu zerstören.

Angehörige der inkaischen Abstammungsgruppen führten ihren Ursprung auf Manco Capac und eine seiner Schwestern zurück. Bei Sarmiento heißt diese Schwester Mama Ocllo, in

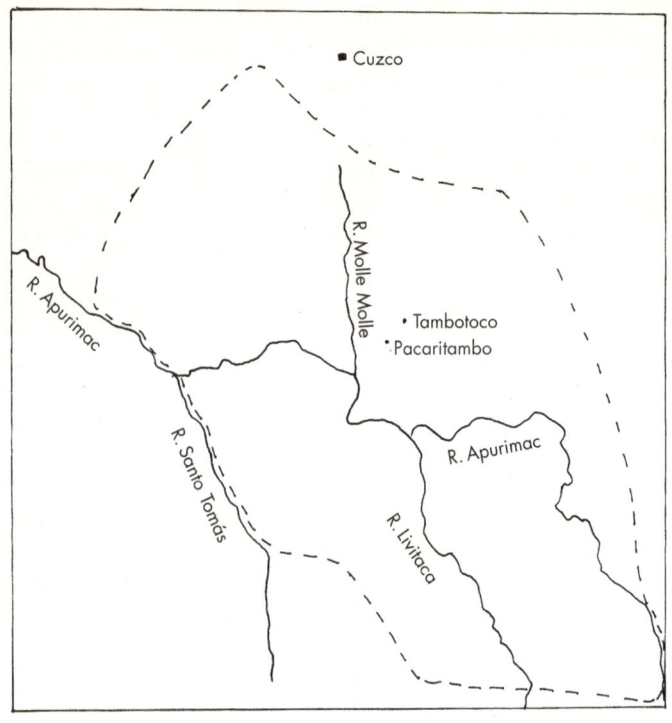

Karte 2: Chilques- und Mascas-Gebiet (nach Julien 1991)

anderen Berichten Mama Guaco. Wenn die Spanier die Bezeichnung „Inka" benutzten, so bezogen sie sich sowohl auf
die Nachfahren dieses Paares als auch auf andere Gruppen,
die den Status „Inka" erhalten hatten. Diese größere Gruppe
umfaßte eine Anzahl von Ethnien aus der Gegend von Cuzco,
die auch unter einem anderen Namen bekannt sind. So lebten
in der Gegend von Pacaritambo zwei Gruppen, die Chilques
und Mascas. Angehörige dieser Gruppen waren auch Inka,
obwohl sie nicht von dem Paar abstammten, das die Dynastie
hervorbrachte. Was die Gruppe aller Inka zu verbinden schien,
war eine Initiation nach einem ähnlichen Ritus. Bei einigen
Gruppen war ein Bestandteil der Initiation von Jungen das

Durchbohren der Ohren, damit ein goldener Zylinder als Ohrschmuck getragen werden konnte. Die Spanier nannten die so initiierten Menschen daher *orejones* oder „Großohren". Wir wissen nicht, welche weiteren Zeichen für den Status als Inka es für andere Männer oder auch für Frauen gab.[21]

Die Nachkommen von Manco Capac und seiner Schwester sicherten sich eine zunehmend mächtigere Stellung. Es ist schwierig für uns, die frühe Geschichte der Inka vor der imperialen Expansion zu ermitteln. Die spanischen Beschreibungen der Inka-Geschichte behandeln diese Frage nicht in der Weise, wie ein moderner Historiker es tun würde. Trotzdem enthält die historische Überlieferung, die an Betanzos und Sarmiento weitergegeben wurde, indirekt auch Informationen über das frühe Cuzco. Die zugrundeliegende Geschichte, soweit man sie ermitteln kann und wenn man mythische Einzelheiten beiseite läßt, ist nicht unglaubhaft und kann immerhin als eine Version der Vergangenheit angesehen werden, soweit man dabei in Erinnerung behält, daß Fehler und Mißverständnisse bei der Weitergabe sie verändert haben können. Diese Geschichte berichtet über die Ankunft der Gruppe aus Brüdern und Schwestern in Cuzco. Auf dem Weg dorthin machten sie mehrmals Halt, und nicht alle von ihnen erreichten die Stadt lebend. Die Zugehörigkeit zu Abstammungsgruppen wurde über die männliche Linie bestimmt (s. u. S. 46), und drei Gruppen führten ihre Abstammung auf einen dieser Brüder zurück, einschließlich der Abstammungsgruppe der Herrscher, die von Manco Capac abstammte. Nur im Fall der Gruppe der Nachfahren Manco Capacs wird die weibliche Vorfahrin genannt.[22]

Ein Problem, das vielleicht auf die Überlieferung durch die Spanier zurückgeht, ist der Mangel an Informationen über die Rolle der Frauen. Wenn die Inka Heiraten nutzten, um Bündnisse mit anderen Gruppen zu schließen, wie es während einer Periode ihrer Geschichte der Fall gewesen zu sein scheint, so beruhten die politischen Beziehungen zwischen den Inka und anderen Gruppen nicht nur auf Eroberung. Nun gibt es noch heute im Raum von Cuzco eine Hierarchie zwischen Grup-

pen, die Heiratspartner tauschen, bei der die „Frauengeber"
eine höhere Stellung einnehmen als die „Frauennehmer".[23]
Die spanischen Autoren erwähnen solche Statusunterschiede
nicht, aber ein einheimischer Autor bestätigt, daß es solche
Unterschiede auch in der Vergangenheit gab.[24] Diese Statusunterschiede sollte man in Erinnerung behalten, denn wenn
die Inka uns über die Heiratsbündnisse früherer Generationen
berichten, so berichten sie uns auch über eine implizite Unterordnung oder Gleichheit in den politischen Beziehungen zu
anderen Gruppen im Raum von Cuzco. Die Geschichte über
den Aufstieg zur politischen Macht im Raum von Cuzco ist
die Geschichte von Eroberungen wie auch von Bündnissen.

Die inkaischen Geschwister fanden bei ihrer Ankunft mehrere Gruppen in dem Ort vor, der einmal Cuzco werden sollte. Zwei lebten dort seit Urzeiten, während drei Gruppen, die
nach ihren Führern hießen und aus derselben Gegend wie die
Inka kamen, vor ihnen in das Gebiet von Cuzco eingewandert
waren. Die alteingesessenen Gruppen waren die Sauaseras
und Guallas. Die Guallas wohnten nahe dem späteren Arcu
Puncu, einem Tor, das in Cuzco während der frühen spanischen Besetzung gebaut wurde und durch das die Straße zum
Titicacasee hinausging (Karte 3). Die Sauaseras lebten bei
dem heutigen Kloster Santo Domingo. Offensichtlich waren
es kleine Gruppen von Ackerbauern, deren Felder nahe bei ihren Wohnorten lagen.

Die Inka griffen zuerst die Guallas an und töteten sie alle.
Dann bedrohten sie die Sauaseras, die einen Führer der drei
oben genannten Gruppen – mit Namen Copalimayta – zu
Hilfe holten. Die Inka besiegten Copalimayta und nahmen
ihm sein Land ab. Auf diesem Land, wo später auch der
Tempel Coricancha gebaut wurde, ließen sie sich nieder. Von
dieser Zeit an hielten die Inka das Gebiet zwischen den
Flüssen Huatanay und Tullumayo besetzt, wo sich Cuzco
entwickeln sollte.[25]

Zwei Gruppen blieben übrig, die Alcabizas und Culunchimas, so genannt nach den Führern, die zuerst in das Cuzco-
Tal eingewandert waren. Sie besetzten Land auf der anderen

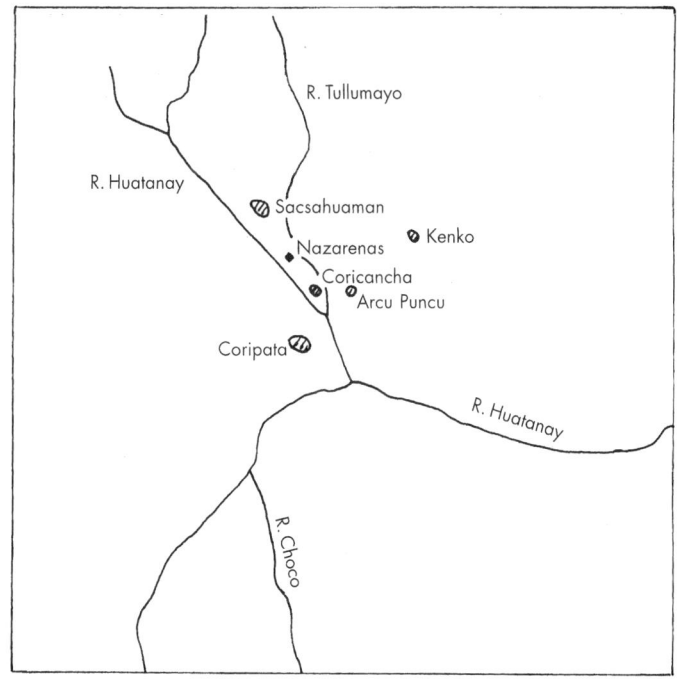

Karte 3: Die Region um Cuzco vor der Ausdehnung des Inkareiches

Seite des Huatanay, die Alcabizas nahe dem ersten Santa Clara auf der Plaza de Nazarenas und die Culunchimas in der Gegend nordöstlich von Belén an seinem ersten Standort in Coripata (Karte 3). Die Inka nahmen den Alcabizas ihr Land, indem sie die Quellen ihres Bewässerungssystems besetzten. Die Culunchimas wurden gezwungen, Tribut zu zahlen.[26]

Hintergrund für diese Darstellung Sarmientos scheint zu sein, daß die Inka, die Alcabizas und Culunchimas einen gemeinsamen Ursprung hatten. Es wird uns nicht erzählt, aber es scheint der Geschichte zugrunde zu liegen, daß all diese Gruppen Teile einer größeren Einheit waren, die in das Gebiet des Cuzco-Tals eindrangen, entweder durch unbekannte Umstände gezwungen oder aus eigenem Antrieb. Während die Inka das Land der Guallas und der Sauaseras mit Gewalt an sich rissen und dabei alle oder fast alle Einwohner töteten, wurde die Vorherrschaft gegenüber jenen Gruppen, die mit den Inka verwandt waren, auf friedlicherem Wege durchgesetzt. Ist die inkaische Geschichte vielleicht ein entstellter Bericht über die Expansion der Gruppe, zu der sie ursprünglich gehörten? Wenn dem so ist, so verbirgt sich dahinter die allmähliche Machtverschiebung von anderen Zentren nach Cuzco. In den erhaltenen Berichten der Inka verschwindet die größere Einheit im Hintergrund.

Es gibt keine endgültige Antwort auf die Frage, welche größere Gruppe dies gewesen sein könnte. Wenn die Ursprungsmythe der Inka eine historische Situation als Kulisse benutzt, könnte die größere Gruppe das Gebiet von Pacaritampo bewohnt haben, wo die Gruppen mit den Namen Chilques und Mascas noch zur Zeit der spanischen Eroberung lebten. Die Inka könnten zu einer dieser Gruppen gehört haben, oder die Chilques und Mascas waren Teile einer noch größeren Einheit.

Ein anderes Problem ist die Zugehörigkeit der Guallas und Sauaseras. Nach der inkaischen Version der Ereignisse waren es unabhängige Dörfer. Wenn diese ebenfalls zu einer größeren Gruppe gehörten, dann hatte der inkaische Einfall in ihr Gebiet eine politische Bedeutung.[27] Nach dem Bericht darüber, wie die Inka das kleine Landstück, auf dem das spätere Cuzco errichtet wurde, einnahmen, springt die Inka-Überlieferung schnell auf eine Ebene, auf der eine Anzahl regionaler Mächte miteinander konkurrieren. Das Wechselspiel zwischen Mächten auf dieser höheren Ebene könnte auch die früheren Ereignisse beeinflußt haben, die dann aus der Sicht der Inka beschrieben wurden.

Die Inka beherrschten später nicht nur die lokalen Gruppen in der Nachbarschaft, sondern Regionen weit darüber hinaus, und sie waren deshalb wohl nicht bereit, eine Version ihrer frühen Geschichte zu bewahren, nach der sie einst anderen Gruppen untergeordnet und – vom Gipfel ihrer späteren imperialen Macht aus betrachtet – eine unbedeutende lokale

Macht waren. Die Beherrschung einer jeden Gruppe, auf die sie an ihrem Weg von der Zeit ihres wunderbaren Erscheinens bis zum Ende stießen, ist eine absichtliche Überhöhung wenig vielversprechender Anfänge und einer späteren erfolgreichen Wende.

Alles in allem nennt die dynastische Überlieferung elf Generationen von der Zeit Manco Capacs bis zu Huayna Capac, der kurz vor Pizarros Ankunft starb (Tabelle 1). In die Berichte über die Lebensläufe dieser „Könige" sind bestimmte Zeichen eingearbeitet, die die Expansion der Inka ankündigen. Eines ist ein heiliges Objekt in Form eines Vogels, genannt Inti. Manco Capac brachte dieses Bildnis aus Tambotoco mit. Jeder Inka besaß ein ähnliches heiliges Objekt, genannt *huaoque* oder „Bruder", das an seine Nachkommen weitergegeben wurde. Inti war der *huaoque* von Manco Capac. Manco Capac und einige Generationen nach ihm wohnten im Inticancha, und der Name, der „die Einfriedung des Inti" bedeutet, könnte sich auf den Ort beziehen, an dem Inti wohnte.

Das Objekt selbst wurde in einem aus Stroh geflochtenen Kasten aufbewahrt, der von Manco Capacs Nachfahren für die nächsten fünf Generationen nicht geöffnet wurde, bis Mayta Capac den Mut dazu aufbrachte. Manche heiligen Objekte konnten sprechen, und Inti gab Mayta Capac nun Ratschläge. Zu dieser Zeit genossen die Alcabizas und Culunchimas noch eine gewisse Autonomie, sie waren den Inka noch nicht vollständig untergeordnet. Mayta Capac unterwarf sie mit Waffengewalt. Das heilige Objekt Inti hatte also mit Kriegsführung zu tun. Mayta Capacs Sohn, Capac Yupanqui, war der erste Inka-Herrscher, der außerhalb der direkten Nachbarschaft Cuzcos Eroberungen durchführte. Capac Yupanqui und seine direkten Nachfolger unternahmen Feldzüge gegen Völker im Umkreis von etwa 20 km von Cuzco.[28] Die Herausnahme des Inti aus seinem Behälter markiert also den Punkt, an dem die Inka begannen, jenes aggressive Verhalten zu zeigen, das zum Entstehen des Reiches führte.

Die Inka gewannen von dieser Zeit an regionale Bedeutung, wenn auch ihre Überlieferung nicht berichtet, ob sie unab-

Karte 4: Cuzco-Region am Beginn der Ausdehnung des Inkareiches

hängig handelten oder als Untergebene von anderen stärkeren Gruppen. Sie könnten damals noch den Ayarmacas untergeordnet gewesen sein, einer Gruppe im Nordwesten von Cuzco. Capac Yupanqui heiratete Curihilpay, von der es hieß, sie sei die Tochter eines wichtigen Machthabers bei den Ayarmacas gewesen. Nach allen Berichten waren die Ayarmacas die wichtigste Gruppe in dieser Region (Karte 4). Der politische Führer der Ayarmacas war unter dem Namen Tocay Capac bekannt. Die Bezeichnung *capac*, wenn sie einem Eigennamen folgt, bedeutet „erblicher Herrscher" oder „König". Da das Wort faktisch einem Titel entspricht, konnte man damit einen Menschen bezeichnen, der den Titel zu einem bestimmten Zeitpunkt innehatte. Die inkaische Version der Ereignisse vor der Ausdehnung des Reiches kann interpretiert werden als ein Bericht der zunehmenden Bedeutung der Inka gegenüber anderen lokalen Mächten, und als wichtigste unter ihnen den Ayarmacas.[29]

Probleme entstanden, als Capac Yupanquis Sohn, Inca Roca, Mama Micay heiratete, eine Frau aus der Gruppe der Guayllacanes, einer lokalen Macht, die Gebiete am Urubamba-Fluß nahe des heutigen Pisac einnahm. Die Guayllacanes hatten Mama Micay ursprünglich Tocay Capac versprochen. Eine Auseinandersetzung zwischen den Guayllacanes und Ayarmacas entstand. Während der Feindseligkeiten, die für die Guayllacanes mit einer Niederlage endeten, bekam Mama Micay einen Sohn. Eine der Bedingungen für den Frieden war, daß die Guayllacanes diesen Sohn entführen und Tocay Capac übergeben sollten. Durch Verrat, der vielleicht begünstigt wurde durch die Ayarmaca-Herkunft von Curihilpay, seiner Großmutter, wurde Inca Rocas und Mama Micays Sohn gefangengenommen und zu Tocay Capac gebracht. Der Junge – er hieß Yahuar Huaca – beeindruckte und erschreckte Tocay Capac, und er ließ ihn deshalb am Leben. Mit Hilfe einer anderen regionalen Macht, die ihr Zentrum im Gebiet von Anta nordwestlich von Cuzco hatte, befreiten die Inka den Jungen. Später schlossen die Inka und Ayarmacas ein Heiratsbündnis. Eine Tochter von Inca Roca mit Namen Curi Ocllo wurde Tocay Capac als Ehefrau gegeben, während Yahuar Huaca eine Tochter von Tocay Capac, die Mama Chicya hieß, heiratete.[30]

Die Heiratsverbindungen zeigen, daß die Inka zur Macht von gleichem Rang wie die Ayarmacas aufgestiegen waren. Aus einer untergeordneten Stellung hatten sie Gleichheit oder mindestens annähernde Gleichheit erreicht. Die Heiraten spiegeln die zunehmende Bedeutung der Inka in der Region um Cuzco. Sie scheint auch die Grundlage für militärische Bündnisse gewesen zu sein. In den Feldzügen, die Capac Yupanqui führte, waren die Inka noch den Ayarmacas untergeordnet und handelten vermutlich bis zu einem gewissen Grad nach deren Plänen.

Die Machtverhältnisse wandelten sich jedoch während der nächsten zwei Generationen, und zwar zugunsten der Inka. Viracocha, der Sohn Yahuar Huacas, führte Krieg gegen Tocay Capac und blieb siegreich. In der Version der Inka, wie von Sarmiento berichtet, ist dieser Sieg nur einer unter mehreren.

Karte 5: Gruppen im Inkareich, die im Text erwähnt werden (nach Rowe, in Lyon 1985, Urrutia 1985, Karte 1; Rowe 1946, Karte)

In einer anderen Darstellung des Lebens von Viracocha, bei Cieza de León, gibt es genauere Angaben über die Eroberungen Viracochas. Nach Ciezas Bericht wagte sich Viracocha weit über Cuzco hinaus und unterwarf Gruppen, die in bis zu 100 km Entfernung in Richtung Titicacasee siedelten. Sarmiento scheint dagegen die Bedeutung Viracochas herunterzuspielen. Die Niederwerfung Tocay Capacs könnte ein entscheidender Moment in der Geschichte der inkaischen Eroberungen gewesen sein, aber er bekommt ebenfalls keinen herausragenden Platz in Sarmientos Darstellung.[31]

Für Sarmientos Geschichte ist der Angriff auf Cuzco durch die Chancas, eine politische Einheit mit Zentrum im Gebiet von Andahuaylas nördlich von Cuzco (Karte 5), und der Aufstieg Pachacutis, eines der Söhne Viracochas, zentral. Pachacuti ist die Hauptperson in der Inka-Geschichte, wie sie Sarmiento und Betanzos überliefern. Während seiner langen Regierungszeit unterwarfen er, seine Brüder und seine Söhne zahlreiche unabhängige Völker der Herrschaft Cuzcos. Die Stadt selbst wurde neu organisiert, geeignete Verwaltungsformen entstanden, und neue Kunststile spiegelten das Prestige und die Macht der Inka-Elite. Die Umwandlung von Cuzco und der herrschenden Elite wird in den folgenden Kapiteln erläutert.

Die Geschichte der Inka-Expansion bei Sarmiento hat eine besondere Ausrichtung. Sie konzentriert sich auf diejenigen politischen Gruppen, die der Inka-Herrschaft zunächst widerstanden und durch Waffengewalt unterworfen wurden. Die Inka erreichten den Anschluß von Gruppen oft durch die bloße Androhung von Gewalt, aber solche Verhandlungen waren als Thema für den Geschichtsschreiber nicht so interessant wie Schlachten. Wegen dieser Voreingenommenheit wird uns hauptsächlich berichtet, welche Völker stark genug waren, den Inka zu widerstehen.

In den Berichten über den Widerstand dieser Gruppen sind sehr interessante Informationen über die Herrschaftsstruktur enthalten. Folgt man Sarmiento, bezeichnete man die verschiedenen militärischen Führer, die die Inka besiegten, mit dem Titel *capac*. Wie oben erklärt, bedeutet *capac* nach einem Eigennamen „erblicher Herrscher". Sarmiento scheint sich jedoch nicht bewußt gewesen zu sein, daß dieser Begriff ein Titel und kein Eigenname war. Jene Anführer, die sich *capac* nannten, waren den Inka besonders wichtig. Betanzos schreibt, daß Pachacuti beabsichtigte, alle Völker Cuzco zu unterwerfen, und zwar besonders jene Herrscher zu entfernen, die *capac* waren, „weil es nur einen *capac* geben sollte, ihn selbst".[32]

Da dies ein wichtiger und einzigartiger Aspekt in der historischen Überlieferung der Inka ist, werden wir ein besonderes Augenmerk auf das werfen, was die Inka über die politische Organisation anderer Gruppen mitteilen: über solche Gruppen, die Widerstand leisteten, und über Herrscher, die *capac* hießen.

Der erste *capac*, den die Berichte nennen, ist der schon erwähnte Tocay Capac, der Führer der Ayarmacas (Karte 4). Zwei andere, die in der Gegend bei Cuzco lebten, Chiguay Capac und Pinau Capac (von den Pinaguas), wurden während der Feldzüge unter Viracocha besiegt und nehmen keinen besonderen Platz in Sarmientos Darstellung ein. Ein vierter,

Cuyo Capac, hatte als Herrscher seinen Sitz bei Pisac und wurde in einer frühen Phase der Regierung Pachacutis besiegt, direkt nach dem endgültigen Feldzug gegen Tocay Capac; diese Kampagne gegen Tocay Capac hatte zu dessen Gefangennahme und zu lebenslanger Einkerkerung Cuyo Capacs geführt. Auf Cuyo Capacs ehemaligem Land, in Pisac, legte Pachacuti später einen privaten Landsitz an.[33]

Zahlreiche Feldzüge fanden zu dieser Zeit in der Gegend von Cuzco statt. Bei diesen Kämpfen in ihrer näheren Umgebung handelten die Inka allein, während sie bei ihren Vorstößen in entfernte Gebiete offenbar mit ihren alten Feinden, den Chancas, verbündet waren.[34]

Ihr erster erfolgreicher Vorstoß führte sie gegen die Soras (Karte 5). Dieser Feldzug wird mit vielen Einzelheiten bei Betanzos beschrieben, unter fast völligem Ausschluß von Angaben über andere Kriege;[35] Sarmiento hingegen betont einen nachfolgenden Feldzug gegen Chuchi (oder Colla) Capac, den Herrscher der Collas (Karte 5). Die Soras könnten für die Inka eine besondere Bedeutung gehabt haben, die uns nicht klar ist, während die Bedeutung des Sieges über Colla Capac eindeutig ist: Die Inka übernahmen dadurch ein sehr großes Gebiet. Nach der Niederlage Colla Capacs konnten die Inka ihre Herrschaft über die gesamte Titicacasee-Region und das Gebiet südwestlich zum Pazifik ausdehnen.[36] Von diesem Zeitpunkt an war der Landbesitz der Inka größer als der jeder anderen politischen Einheit in den Anden zu ihrer Zeit. Was als eine Auseinandersetzung zwischen Gruppen im Gebiet von Cuzco und ihren Nachbarn begonnen hatte, war zu einem Reich geworden.

Obwohl Pachacutis Leistungen vielleicht übertrieben wurden, ist die Absicht, das gesamte Andengebiet der Herrschaft Cuzcos zu unterwerfen, zu seiner Zeit bereits deutlich. In Sarmientos Bericht erfolgte die Neuorganisation Cuzcos kurz nach Verteidigung der Stadt gegen die Chancas und bevor die Inka Colla Capac besiegten, was ein Hinweis darauf wäre, daß Pachacutis imperialer Ehrgeiz der Erwerbung eines großen Territoriums vorausging. Allerdings dürfte die umgekehrte Reihenfolge eher der Realität entsprechen. Die Inka fanden sich vermutlich im Besitz eines Reiches, bevor ihnen bewußt wurde, daß sie ihre Hauptstadt entsprechend umwandeln mußten, damit sie ihr neues Ansehen und ihre Macht widerspiegelte.

Wie auch immer, die Inka scheinen noch immer mit den Chancas verbündet gewesen zu sein. Dieses Bündnis zerfiel während eines Feldzuges in Parcos, nahe dem heutigen Ayacucho, wo die Verbündeten auf erheblichen Widerstand stießen. Der Anführer der Chancas desertierte zusammen mit seiner Armee; und der Bruder Pachacutis führte die Inka-Armee unter seinem Kommando weiter nach Norden, als ihm befohlen worden war, und provozierte so eine Konfrontation mit Cuzmango Capac und dessen Verbündetem, Chimo Capac aus dem Reich Chimor (Karte 5). Cuzmango Capac, der das Gebiet um das heutige Cajamarca beherrschte, und Chimo Capac, der ein eigenes Eroberungsprogramm an der Küste im Westen begonnen hatte, besaßen zusammen genug Macht, um den Inka eine ernsthafte Niederlage beizubringen. Vermutlich dank glücklicher Umstände konnte Pachacutis Bruder diese beiden Herrscher in einer Schlacht besiegen und gefangennehmen und somit einen möglicherweise höchst gefährlichen Konflikt beenden, bevor er richtig begonnen hatte.[37]

Die Festigung der Inka-Herrschaft über ein so großes Gebiet beanspruchte zwar geraume Zeit, die einmal einverleibten Völker blieben aber dauerhaft Teil des Reichs. Versuche auszubrechen, so wie die Rebellion der Collas kurz nach dem Sieg über Chimo Capac und Cuzmango Capac, waren erfolglos.[38]

Auf diesem und folgenden Feldzügen überließ Pachacuti den Befehl seinen Brüdern und seinen Söhnen, als er alt genug war, befehligte sein Sohn Topa Inca die Inka Armeen. Ein weiterer wichtiger Feldzug gegen drei Herrscher, die als *capac* bezeichnet wurden, fand im Hochland des heutigen Ekuador statt. Diese Herrscher – Pisar Capac, Cañar Capac und Chica Capac – leisteten Widerstand gegen die Inka. Obwohl es hieß, alle drei seien gefangengenommen worden, kämpfte einer von ihnen oder ein Nachfolger gleichen Titels, Pisar Capac, später gegen die Inka in Tomebamba, dem Sitz ihrer Verwaltung im südlichen Hochland Ekuadors. Pisar Capac verbündete sich mit Pillaguaso, einem Führer von Gruppen aus dem Gebiet von Quito (Karte 5). Noch vor Pachacutis Tod hatten die Inka das gesamte Hochland Ekuadors ihrem Reich angeschlossen.[39]

Pachacuti lebte lange genug, um die Geburt eines Enkels zu erleben, den er zum Nachfolger seines Sohnes Topa Inca ernannte. Obwohl seine Bemühungen, die Nachfolge bei den Inka über zwei Generationen zu regeln, letztlich erfolgreich waren, versuchten die Collas bei seinem Tod, wieder ihre Freiheit zurückzugewinnen, als ob Pachacuti allein die Macht der Inka aufrechterhalten hätte. Diesmal ging der Aufstand von den Collas aus dem Umasuyo, einem Teil des Colla-Gebiets nördlich des Titicacasees, aus (Karte 7). Als die Collas zuerst unterworfen worden waren, hatten sich die militärischen Aktionen auf das Urcosuyo, den anderen Teil des Colla-Gebiets, in dem der Colla Capac lebte, konzentriert. Damals hatten sich die Bewohner des Umasuyo friedlich untergeordnet. Vermutlich wegen ihres späteren Aufstands nahm Topa Inca eine Neuorganisation der Region vor und richtete dort private Landsitze ein. Dieses Thema wird später noch genauer besprochen, wenn die Besitzungen der verschiedenen dynastischen Verbände behandelt werden.[40]

Topa Inca schlug den Aufstand der Colla nieder und zog dann weiter nach Süden zu einer Militärkampagne, auf der er weitere unabhängige Gruppen unterwarf, unter anderem jene aus dem Gebiet des heutigen Zentralchile. Nach dem Tod seines Vaters fand nur ein einziger anderer Feldzug statt, der Topa Inca ins Andesuyo führte, in die dicht bewaldete Region östlich Cuzcos.[41]

Die Eroberungen waren weitgehend abgeschlossen, als Huayna Capac die Macht von seinem Vater erbte. Er kämpfte an der heutigen Nordgrenze Ekuadors, und er annektierte die Provinz Atacama nördlich des Gebiets in Chile, das sein Vater bereits erobert hatte. Eine Verteidigung wurde an der Grenze östlich des heutigen Sucre, in Bolivien, organisiert, um Einfälle von unabhängigen Völkern jenseits der Grenze zu unterbinden, die als Chiriguanács bezeichnet wurden.[42]

Huayna Capac starb plötzlich, unmittelbar vor dem spanischen Einfall unter Francisco Pizarro und Diego de Almagro. Weitere Vorhaben, neue Gebiete zu unterwerfen, kamen zu einem Halt oder wurden von dem Bürgerkrieg zwischen Parteien aus der Elite Cuzcos überschattet. Der Bürgerkrieg war eine Katastrophe großen Ausmaßes. An der Spitze der Sieger stand ein Sohn Huayna Capacs namens Atahuallpa, der mit seinem Vater in Ekuador gekämpft hatte und dort mit den Inka-Armeen geblieben war, als der Körper seines Vaters nach Cuzco zurückgebracht wurde. Atahuallpas Anführer hatten gerade begonnen, sich die Kontrolle über Cuzco zu verschaffen, als der Einfall der Spanier sie unterbrach. Sie hatten die Tötung aller Mitglieder der gegnerischen Familien befohlen, die in Cuzco gefunden werden konnten.[43]

Cuzco war der Mittelpunkt des Machtbereichs der Inka. Es hatte den Bürgerkrieg ohne Zerstörungen überstanden. Als die Spanier die Stadt Ende 1533 betraten, begriffen sie erstmals wirklich, welch ein Reich sie erobert hatten.

3. Die Hauptstadt Cuzco

Als die Spanier nach Cuzco kamen, sahen sie eine Stadt, die durch die Eroberungen der Inka verändert worden war. Die physische Anlage der Stadt, der Baustil, die zahlreichen Heiligtümer in der Stadt und im umliegenden Tal – das alles war neu geschaffen worden, um Cuzcos Rolle als Zentrum des Reiches zu spiegeln. Die Veränderungen reichten jedoch noch tiefer, als der äußere Anblick zeigte, denn sie umfaßten die Verwandlung der Bewohner Cuzcos in eine Führungselite, die fähig war, militärische Unternehmen weit entfernt von ihrer Heimat zu befehligen und ehrgeizige Vorhaben außerhalb ihrer Heimat durchzuführen. Dazu gehörte auch die Erziehung und Motivation der Eliteangehörigen, damit diese die Ziele ihrer Vorfahren verwirklichten.

Um die Umwandlung der physischen und sozialen Ordnung Cuzcos zu verstehen, ziehen wir wiederum Sarmiento und Betanzos als Quellen heran. Allerdings neigen beide Autoren dazu, alle Neuerungen einem einzigen Inka-Herrscher zuzuschreiben, nämlich Pachacuti. In mündlicher Überlieferung können Ereignisse, die während eines langen Zeitraums stattfanden, in einer einzigen Kulmination von Aktivitäten zusammenfallen, oder ihre Reihenfolge kann neu geordnet werden,[44] so daß die Zuschreibung aller Neuerungen an Pachacuti nicht zutreffen muß. Trotzdem gibt uns die Beschreibung über die Entwicklung Cuzcos einen Überblick über den Gesamtprozeß. Obwohl wir uns nun im folgenden nicht auf Personen, sondern auf Cuzco konzentrieren, bleibt die zentrale Rolle Pachacutis, weil die vorhandenen Quellen ihn in den Mittelpunkt stellen und wir leider kein anderes Material haben.

Betanzos beschreibt ein größeres Bauprojekt, das von Pachacuti im Tal von Cuzco unternommen wurde. Pachacuti baute die Stadt um, ebenso Inticancha, den religiösen Mittelpunkt, der danach Coricancha oder „goldene Einfriedung" hieß. Der Inka-Herrscher ordnete auch mehrere Kanalbauvorhaben im Tal an als Teil einer Reform, durch die das Land im Umkreis

von 10 km der Stadt angegliedert und zum Wohle der Stadt-
bewohner erschlossen wurde.[45]

Pachacuti befahl den lokalen Führern aus der Gegend um
Cuzco, die ihm Gehorsam geschworen hatten, in die Stadt zu
kommen. Er entwarf dann einen Plan, um Cuzco zu versorgen
und den Bewohnern zu erlauben, auf lange Feldzüge zu gehen,
ohne ihren Lebensunterhalt zu verlieren. Der Plan umfaßte die
Verteilung von Land, die Festlegung von Grenzen und den
Bau von Speichern. Dazu gehörte auch die Versorgung von
Cuzco mit Lebensmitteln. Zunächst waren diese Lebensmittel
für die Menschen bestimmt, die bei den Bauprojekten im Tal
beschäftigt waren. Wenig später organisierte Pachacuti auch
die Herstellung von Stoffen als Tribut, einschließlich von Tü-
chern zum Tragen von Steinen und Erde, damit die Arbeiter
bei den Bauprojekten nicht ihre eigenen Tragtücher benutzen
mußten.[46]

Ein Teil von Pachacutis Plan war, die Führer aus den Gebieten um Cuzco mit Frauen aus seiner eigenen Abstammungsgruppe zu verheiraten. Ihre Nachkommen, die die Macht
dieser lokalen Führer erbten, wären somit durch Verwandt-
schaftsbeziehungen an die Inka-Dynastie gebunden. Er schick-
te auch Abgesandte in die Gebiete dieser lokalen Herrscher
und ließ Ehen zwischen den jungen Männern einer Gruppe
mit den Frauen einer anderen schließen, um so die Bindungen
zwischen den Gruppen zu stärken. Die jungen Leute, die verheiratet wurden, erhielten als Geschenke Kleidung und die
nötigen Haushaltsgegenstände.[47]

Das Ergebnis dieser Politik war ein Hinterland aus einzelnen Gruppen, die an Cuzco sowie untereinander gebunden
waren und die die Grundversorgung der Stadtbevölkerung ga-
rantierten. Alle vier Monate erhielten die Menschen, die von
Cuzco abhängig waren, alles Nötige aus den Tributen, die
dieses Hinterland lieferte.[48]

Betanzos erzählt uns leider nicht, wer diese lokalen Führer
waren, und gibt nur an, daß sie Pachacuti Gehorsam geschworen hatten. Wir wissen, daß der Status der Inka auf eine
Anzahl von Gruppen ausgedehnt wurde, die bei Cuzco lebten.

Sie wurden als *orejones* bezeichnet, da sie, um den Status als Inka zu erhalten, initiiert worden waren und bei diesem Ritual erhaltene Ohrpflöcke trugen, aber sie waren keine Mitglieder der Abstammungsverbände der Inka-Dynastie – das heißt, sie waren nicht notwendigerweise über die männliche Linie mit Manco Capac verwandt.[49] Sie wohnten in der Umgebung Cuzcos, und wir können annehmen, daß dies die Gruppen waren, deren Herrscher Pachacuti durch Heirat an Cuzco band. In manchen Werken werden sie als „Inka durch Privileg" (oder „ernannte Inka") bezeichnet.

Die Verwandlung Cuzcos betraf sowohl die Stadt als auch das Land rundherum, sowohl die Mitglieder der dynastischen Gruppen als auch die Bevölkerung in der Region um Cuzco. Aber wie sah Cuzco aus, bevor dieses ehrgeizige Programm ausgeführt wurde?

In den historischen Berichten erscheint Cuzco zunächst als eine kleine landwirtschaftliche Siedlung, die bei dem Inticancha lag. Diese Siedlung befand sich zwischen den Flüssen Huatanay und Tullumayo und erstreckte sich von dem späteren spanischen Kloster Santo Domingo bis zum Zusammenfluß der beiden Flüsse (Karte 3); sie bestand aus vier *cancha* oder Umfriedungen: Quinticancha, Chumbicancha, Sayricancha und Yarumbuycancha.[50] Ein kleiner Hof mit Namen Caritampucancha, von dem es hieß, Manco Capac selbst habe dort Cuzco gegründet, wurde in der Liste der Heiligtümer (*huaca*) von Cuzco genannt. Der Hof lag innerhalb der Mauern des Klosters Santo Domingo (Karte 6). Inticancha erscheint auch auf der Liste der Heiligtümer, beschrieben als ein kleines Haus, in dem die Schwestern des ersten Inka lebten. Bei Ausgrabungen in Santo Domingo und nordwestlich davon in Bauten an der heutigen Calle San Agustín wurden Tongefäße und Gebäudereste gefunden, die stilistisch in die Zeit vor der imperialen Ausbreitung fallen. Die archäologischen Funde belegen die Lokalisierung der frühen Siedlung, wie sie Sarmientos Quellen nennen.[51]

Hier lebten die Nachkommen von Manco Capac bis zur Zeit Inca Rocas, der sein eigenes Haus auf Land baute, das

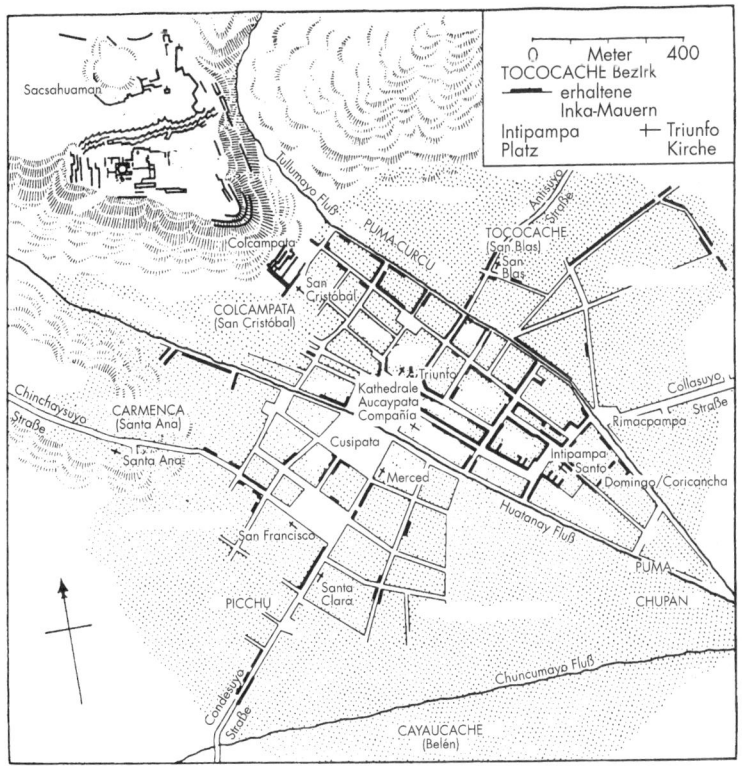

Karte 6: Cuzco (nach Hemming, 1970, Abb. 2)

oberhalb der ursprünglichen Siedlung lag. Dieser Inka-Herrscher legte neue Bewässerungskanäle an oder ließ vorhandene umbauen, damit diese Wasser auf die von den Bewohnern Cuzcos bearbeiteten Felder leiteten.[52] Durch die Neuverteilung des Wassers machte er das Land oberhalb des Inticancha offenbar für eine Besiedlung attraktiver.

Von der Zeit Inca Rocas an errichtete jeder Inka-Herrscher sein eigenes Haus oder einen Palast und zog es vor, nicht in den Gebäuden seines Vaters zu leben. Die Lage verschiedener Paläste kann noch festgestellt werden. Wenn wir Cuzco als

37

Wohnort der Angehörigen der Dynastie ansehen, dann können wir annehmen, daß die Stadt sich allmählich auf Land oberhalb Santo Domingos ausdehnte. Die Beziehung zwischen der Erweiterung der Stadt und der Weiterentwicklung der Bewässerungsanlagen deutet daraufhin, daß sich der ländliche und landwirtschaftliche Charakter der Siedlung noch nicht geändert hatte.[53]

Im Gegensatz dazu war die Neuorganisation Cuzcos, die Pachacuti zugeschrieben wird, eine plötzliche Abkehr von dem langsamen Wachstum der Vergangenheit. Es heißt, Pachacuti habe der Stadt einen neuen Plan gegeben, bei dem er die Hauptstraßen festlegte und die Bauten für die dazwischenliegenden Straßenblocks entwarf. Zur Neuorganisation gehörte auch die Umsiedlung von Bewohnern aus ihren Häusern in Siedlungen nahe der Stadt, der Abriß dieser Häuser und der Neubau Cuzcos von den Grundmauern auf.[54]

Der Plan Cuzcos hatte die Umrisse eines Pumas (Karte 6). Die Festung Sacsahuaman oberhalb der Stadt bildete den Kopf. Der Hauptplatz Aucaypata lag zwischen den Vorder- und Hinterbeinen. Coricancha befand sich unterhalb des Pumaschwanzes, und wir können sie mit den Sexualorganen des Tieres gleichsetzen. Der Umriß des Pumas war noch im 19. Jahrhundert gut zu erkennen, und mindestens zwei Straßen, die dem Pumaumriß folgen, tragen Namen der zugehörigen anatomischen Teile des Pumas (*pumachupa* „Puma-Schwanz"; *pumacurco* „Puma-Rücken"). Der Puma nimmt den gesamten Raum zwischen den Flüssen Huatanay und Tullumayo ein.[55]

Zum Neuaufbau Cuzcos gehörten auch zusätzliche Arbeiten an dem Kanalsystem, das Wasser für den Ackerbau lieferte. Die Verteilung des Wassers auf die Felder könnte zu dieser Zeit grundlegend verändert worden sein und Cuzco selbst einen mehr städtischen Charakter angenommen haben. Besondere Aufmerksamkeit galt der Arbeit an dem Flußkanal zwischen Cuzco und Mohina am Ende des Cuzco-Tals. Der Neubau könnte zur Neuverteilung des Wassers und zur Reform der Landnutzung geführt haben. Solch eine Neuorgani-

Abb. 2: Sacsahuaman

sation hing vermutlich mit der Expansion zusammen. Es heißt, Pachacuti habe das Land neu organisiert, damit die Inka die landwirtschaftliche Produktion auf einem hohen Niveau halten konnten, selbst wenn Teile der Bevölkerung auf militärischen Feldzügen oder bei anderen weit entfernten Vorhaben beschäftigt waren.[56]

Der Neubau Cuzcos wurde nach Betanzos mit den feinsten Materialien und den besten damals bekannten Baumethoden ausgeführt. Die Bauarbeiten dauerten etwa 20 Jahre. Sarmiento beschreibt das fein bearbeitete und gut eingepaßte Steinmauerwerk.[57] Die Bauten waren noch recht gut erhalten, als Betanzos und Sarmiento darüber schrieben. Ihre Überreste sind heute nur noch in den Grundmauern der Gebäude sichtbar, die später durch die Spanier errichtet wurden, denn diese zogen es vor, daß ihre Bauten die Architekturstile Spaniens spiegelten. Zwei große Erdbeben, 1650 und 1950, haben Cuzco weitgehend zerstört, aber Aussagen aus der Zeit nach dem ersten Erdbeben deuten darauf hin, daß die Bauten aus inkaischem Steinmauerwerk kaum betroffen waren.[58]

Zwei Bauwerke waren besonders wichtig. Das erste ist die Festung über Cuzco, die Sacsahuaman hieß (Karte 6, Abb. 2). Sarmiento schreibt die Erbauung des Sacsahuaman Topa Inca zu. Die monumentalen Mauern der Festung mit ihrer charakteristischen Zickzackform ähneln einer anderen Inka-Festung in Bolivien, die wahrscheinlich während Topa Incas Herrschaft gebaut wurde. Die Mauern des Sacsahuaman zeigen Spuren von mindestens zwei größeren Bauphasen, die darauf hinweisen, daß nach der Errichtung ein größerer Umbau vorgenommen wurde.

Hinter den monumentalen Mauern auf einem Hügel über Cuzco gab es verschiedene Bauwerke. Die Bauten wurden von den Spaniern abgetragen, um aus dem Material das spanische Cuzco zu bauen, wobei allein für den Bau der Kathedrale eine große Menge Steine aus der Festung gebrochen wurde. Ausgrabungen in einem Teil der Festung brachten die Grundmauern verschiedener Gebäude zutage, einschließlich eines Rundbaus, der einer der Türme gewesen sein könnte, die in den frühen Beschreibungen der Spanier erwähnt werden.

Wir haben gewisse Kenntnisse über die Art, wie die Festung genutzt wurde, weil die Inka sie einnahmen und gegen die Spanier verteidigten, als sie 1536 versuchten, Cuzco zurückzuerobern. Um die Festung anzugreifen, mußten sich die Spanier die Schlucht von Carmenga hinaufkämpfen und dann jede der monumentalen Mauern einnehmen, bis sie es wagen konnten, einen letzten Angriff gegen die Verteidiger der Türme zu führen.

Es gibt keine Beschreibungen davon, wie die Festung vor Ankunft der Spanier verteidigt wurde, aber Beschreibungen von Kämpfen während der inkaischen Eroberungen zeigen, daß generell Belagerungen von Feinden in einer Verteidigungsstellung häufig waren. Wenn dies zutrifft, müssen die Inka beabsichtigt haben, sich bei Gefahr von der Stadt in die Festung zurückzuziehen. Als die Chancas sie angriffen, sind sie jedoch nicht so vorgegangen, denn damals kämpften die Inka im offenen Gelände in und bei Cuzco.[59]

Die Festung und ihre Bauten hatten auch einen heiligen Charakter. Ein besonders heiliger Platz war ein Sitz mit Namen Sabacurinca, in Stein geschnitten und nahe am oder im Sacsahuaman gelegen. Er wurde verehrt, und dort wurde ge-

Abb. 3: Inkaische Stützmauer unterhalb Santo Domingo

opfert. In der Liste, in der die Heiligtümer beschrieben werden, ist er aufgeführt, weil seinetwegen die ganze Festung verehrt wurde.[60] Unglücklicherweise trägt diese kurze Beschreibung wenig zum Verständnis dessen bei, was die Festung den Inka genau bedeutete.

Die Coricancha andererseits war mit dem Sonnenkult der Inka verbunden. Obgleich die spanischen Geschichtswerke sie einen „Tempel" oder den „Sonnentempel" nennen, war sie auch ein Wohngebäude. Sie erscheint nicht als Heiligtum auf der vollständigsten Liste, die erhalten ist, aber auf einer anderen, kürzeren Liste, wo sie als „Haus aus Gold" und als „Haus der Sonne" beschrieben wird.[61] Die Sonne hatte Besitz und vielleicht auch Frauen, wie im folgenden Kapitel erläutert werden wird, und ein Wohnsitz könnte deshalb notwendig gewesen sein. Vielleicht gab es keinen Bedarf an einer besonderen Kategorie rein religiöser Architektur.

Heute befinden sich die Kirche und das Kloster von Santo Domingo auf den Resten der Coricancha (Abb. 3). Vier Räume der Anlage wurden beim Bau des Klosters weiter benutzt.

41

Umbauten aus der spanischen Kolonialzeit sind bei zwei von ihnen in neuerer Zeit entfernt worden, und die hohe Qualität des Steinmauerwerks ist wieder sichtbar.[62]

Obwohl die Inka auch wichtige Gebäude aus Lehmmauerwerk errichteten, sind die in verschiedenem Stil gehaltenen Bauten aus Steinmauerwerk die eindrucksvollen stummen Zeugen der Inka-Geschichte, wie sie in den historischen Berichten enthalten ist. Verschiedene Orte, die dem Verband der Nachkommen Pachacutis zugeordnet werden können (dessen Mitglieder bis in die Kolonialzeit überlebten), zeigen jenen speziellen Stil der Steinbearbeitung, der auch bei Bauwerken wie der Coricancha genutzt wurde, also bei Bauten aus der Zeit des Neubaus von Cuzco. Dieser Baustil unterscheidet sich von dem der Gebäude aus der Regierungszeit von Pachacutis Enkel Huayna Capac oder aus der frühen Kolonialzeit, während der Architekt, der einige von Huayna Capacs Bauten entworfen hatte, weiter tätig war.[63]

Obwohl es nicht möglich ist, den Bericht über die Neuanlage Cuzcos zu bestätigen, so beweisen die monumentalen Bauwerke doch, daß jemand große materielle und menschliche Ressourcen aufgewandt hat. Das Bearbeiten und Einpassen von Basaltsteinen war von einem Handwerker oder einer Gruppe von Handwerkern hoch entwickelt worden. Die Grundpläne und Einzelheiten der Bauten deuten daraufhin, daß in frühen Zeiten wie auch während Huayna Capacs Regierung architektonischen Entwürfen große Aufmerksamkeit geschenkt wurde, auch wenn die Verwandtschaft mit alltäglichen Wohngebäuden deutlich erkennbar ist. Die Überreste beweisen, daß ein Bauprogramm von monumentalen Gebäuden über mehrere Jahrzehnte vor der spanischen Eroberung ausgeführt wurde.

Es wäre aber ein großer Fehler, Cuzco nur als eine Ansammlung monumentaler Bauwerke anzusehen. Die Monumentalbauten sind nur ein äußeres, sichtbares Zeichen einer Veränderung anderer Art. Die Inka beanspruchten, Nachkommen der Sonne, eines wichtigen übernatürlichen Wesens, zu sein. Cuzco wurde umgebaut, um den heiligen Charakter des Ortes wie auch die besondere Natur seiner Bewohner zu demonstrieren.

Der Bericht von Betanzos ist besonders wertvoll, da in ihm eine Ideologie zum Ausdruck kommt, die die Bewohner Cuzcos zu einem einzigen imperialen Unternehmen vereint. Betanzos beschreibt Ereignisse, die tatsächlich einer Weihung Cuzcos entsprachen, sowohl des Ortes wie auch der Menschen. Vor der Neuanlage der Stadt beabsichtigte Pachacuti, ein Haus für die Sonne zu bauen. Dieses übernatürliche Wesen – das in der Überlieferung manchmal mit einem anderen namens Viracocha verwechselt wurde – erschien Pachacuti in einem Traum am Vorabend des Einfalls der Chancas. Die Sonne eröffnete Pachacuti, daß die Inka seine Nachkommen (für die Inka war die Sonne männlich) waren und als die Nachkommen der Sonne berühmt werden würden. Ein Bild der Sonne sollte angefertigt werden, um in dem von Pachacuti geplanten Haus zu wohnen.[64]

Eine wesentliche Rolle beim Bau und der Weihung des Hauses der Sonne spielten die Nachbarvölker, die Pachacuti bei seinem Sieg gegen die Chancas geholfen hatten. Nachdem die Steine in dem Steinbruch von Sallu ausgemessen worden waren, wurde die Aufgabe, sie nach Cuzco zu bringen und das Haus zu errichten, unter diesen Nachbarvölkern verteilt.[65]

Nach dem Wiederaufbau der Inticancha und der Stiftung von Besitz für den Unterhalt des Sonnenkults, wie im folgenden Kapitel beschrieben, erfolgte eine Weihe. Die hohen Adligen Cuzcos steuerten große Mengen Mais, feiner Kleidung und Kameliden (die in den Anden heimischen Alpaka und Lama) sowie auch eine gewisse Zahl von Jungen und Mädchen für ein Opfer bei. Ein großes Feuer wurde angezündet, und der Mais, die Kleidung und Kameliden wurden verbrannt. Die Kinder wurden bei dem *capacocha* genannten Opfer lebendig in dem Heiligtum begraben. Mit dem Blut der geopferten Tiere wurden von Pachacuti und einigen seiner Militärführer auf dem neuen Gebäude Striche gezogen. Sie zeichneten auch Linien über die Gesichter desjenigen, der dem Haushalt der Sonne vorstehen sollte, und über die Gesichter der 500 Frauen, die für den Kultdienst bestimmt worden waren. Dann kamen die Bewohner Cuzcos, Männer und Frauen, um Brandopfer von Mais und Koka darzubringen. Als sie fertig waren, erhielten auch sie eine Gesichtsbemalung, diesmal von dem Verwalter des Haushalts der Sonne.

Von diesem Zeitpunkt an bis zur Fertigstellung des Bildnisses der Sonne wurde eine Fastenzeit angeordnet und das Opferfeuer ständig unterhalten. Als das Bild aus Gold – die dreidimensionale Darstellung eines Kindes – fertiggestellt war, wurde es von dem Verwalter des Haushalts sorgfältig eingekleidet und mit verschiedenen Attributen versehen. Es bekam zu essen, indem man vor ihm Feueropfer darbrachte, wodurch ein Brauch entstand, der danach von dem Verwalter des Haushalts aufrechtzuerhalten war. Von diesem Zeitpunkt an waren nur wichtige Angehörige der Inka-Elite in der Gegenwart des Bildnisses zugelassen. Ein Steinabbild, nach spanischen Angaben in Form eines Zuckerhutes, wurde auf dem Hauptplatz von Cuzco errichtet. Als das goldene Hauptbildnis fertiggestellt worden war, hatte man es durch Cuzco getragen, um den Ort zu segnen. Zum Zeitpunkt der Weihe wurden Miniaturnachbildungen aus Gold, die die von Manco Capac abstammenden Abstammungsgruppe darstellten, auf dem Hauptplatz am Fuß des Steinbildnisses vergraben. Von diesem Tag an wurden regelmäßig Kameliden bei dem Steinbildnis geopfert.[66]

Betanzos verbindet diese Weihung mit der Verehrung, die Adlige aus Cuzco in den Provinzen genossen. Inka aus Cuzco wurden als Angehörige der Sonne verehrt. Vor ihnen wurde geopfert (*arpa*). Die Stadt Cuzco selbst war auch heilig. Reisende, gleich wie bedeutend sie waren, mußten sich ihr mit einer Last auf den Schultern nähern. Die Punkte entlang der Straßen, von wo die Reisenden zuerst die Stadt sahen, waren heilige Orte.[67]

Hat Pachacuti Cuzco tatsächlich geweiht? Eine Form von Weihung könnte bei der Errichtung von Bauten, die mit dem Sonnenkult zusammenhingen, oder beim monumentalen Neuaufbau der Stadt insgesamt durchgeführt worden sein. Ob die rituelle Darstellung der Beziehung zwischen der Inka-Dynastie und einem wichtigen übernatürlichen Wesen wirklich statt-fand oder nicht, ist unwichtig. Entscheidend ist, daß diese Geschichte die Grundlage für den Glauben lieferte, die Inka seien eine Art übernatürlicher Wesen, sie müßten deshalb ge-achtet werden und man müsse ihren Befehlen gehorchen.

4. Die Inka – Selbstverständnis und Riten

Der Neuaufbau Cuzcos wurde von einer großen sozialen Umgestaltung begleitet. Durch beides sollte eine soziale und räumliche Umwelt geschaffen werden, die die übernatürliche Stellung der Nachkommen Manco Capacs widerspiegelte. Die Reform veränderte die Regeln für die Bildung von Abstammungsgruppen und schuf hochentwickelte Rituale, durch die Statusunterschiede dargestellt wurden. Eine kurze Übersicht der Abstammungsregeln und der Ritualorganisation in Cuzco soll dies verdeutlichen.

Der Kernpunkt der Reform war eine Neudefinition dynastischer Abstammung. Um die Tragweite der Reform verständlich zu machen, müssen zunächst die Prinzipien inkaischer Abstammung beschrieben werden.

Zugehörigkeit zu einer Abstammungsgruppe scheint über die männliche Linie definiert worden zu sein. Obwohl in symbolischen Darstellungen beide Geschlechter bei den Inka eine Rolle spielen, berechneten die Nachkommen Manco Capacs – Frauen wie Männer – die Abstammung von ihren Vorfahren über die männliche Linie. Diese Sicht des Verwandtschaftssystems der Inka vertreten viele Wissenschaftler; allerdings findet in den letzten Jahren auch eine bilaterale Abstammungsrechnung (über die weibliche wie männliche Linie) größeren Zuspruch.[68] In Wahrheit jedoch wurde die bilaterale Abstammung der einheimischen Bevölkerung in den Anden durch spanisches Recht und spanische Missionspolitik aufgezwungen, und ihre Einführung verwischt die Natur der früheren Systeme.[69] Die Argumentation für die Zugehörigkeit über die männliche Linie beruht hauptsächlich auf den Verwandtschaftsbegriffen, wie sie in Lexika der Inka-Sprache erhalten sind, wie auch auf einigen anderen Quellenangaben.

Eine detaillierte Rekonstruktion des Verwandtschaftssystems der Inka ist hier nicht möglich, aber einige Prinzipien müssen umrissen werden. Bezeichnungen für Verwandte definieren das Geschlecht (sowohl des Sprechers wie auch des

Angesprochenen), die Generation und das Altersverhältnis zwischen Individuen derselben Generation. Sie können auch klassifikatorisch sein, das heißt, sie erfaßten auch Menschen, die weiter entfernte Verwandte waren. Das Wort *pana* zum Beispiel bedeutet Schwester, wenn der Sprecher ein Mann ist, aber auch Cousine. Auf diese Weise war das Wort für Schwester auf die weiblichen Verwandten derselben Generation ausgedehnt worden.[70]

Von Bedeutung war die Generationszugehörigkeit. Das Wort für Generation ist *viñay*, von dem Verb *viñachini* „ernähren oder großziehen".[71] Der Begriff *viñakmaci* bezeichnet Altersgenossen oder diejenigen, die zusammen aufgewachsen sind. Innerhalb jeder Generation oder Gruppe von Geschwistern wurden die Geschwister gleichen Geschlechts zusammengefaßt. Begriffe, die für Affinalverwandte benutzt wurden (für solche Menschen, die durch Heirat zur eigenen Gruppe gehören), verbanden häufig eine Person mit einer Gruppe von Geschwistern gleichen Geschlechts oder zwei solche Gruppen untereinander.

Das System definierte also einen Mann im Verhältnis zu seinen klassifikatorischen Brüdern und Schwestern (seinen biologischen Brüdern und Schwestern, Cousins und Cousinen), seinen Kindern und den Kindern seiner klassifikatorischen Brüder. Die Frauen waren in fast gleicher Weise definiert, und zwar im Verhältnis zu ihren klassifikatorischen Brüdern und Schwestern (biologische Geschwister, Cousins und Cousinen) und den Kindern ihrer klassifikatorischen Brüder.

Die Söhne und Töchter einer Frau waren jedoch Mitglieder der Abstammungsgruppe des Vaters, und deshalb ist die Parallele nicht vollständig. Ein Sohn wurde von seinem Vater *churi* genannt, eine Tochter *huarmi churi* (wörtlich „ein weiblicher *churi*") oder *ususi*. Im Gegensatz dazu waren die Kinder einer Frau *huahua*. *Huahua* ist der allgemeine Begriff für Nachkommen und wurde sowohl für Menschen wie auch Tiere benutzt.[72]

Mehrere Begriffe bezeichneten sowohl nahe Verwandte wie auch allgemein Mitglieder der eigenen Abstammungsgruppe.

Einer davon ist *huaoque*. Zum einen bedeutet er Bruder oder Cousin eines Mannes, aber auch ein Mitglied der Abstammungsgruppe des Mannes, das gleichen Alters oder älter ist. Der Begriff *pana*, von einem Mann für seine Schwester gebraucht, bezeichnet auch ein Mitglied seiner Abstammungsgruppe. *Churi* ist das Wort, das Männer nicht nur für ihre Söhne, sondern auch für alle jüngeren Angehörigen ihrer Abstammungsgruppe gebrauchen. Wie bereits erwähnt, nannte ein Mann seine Tochter *huarmi churi*, was „weibliche *churi*" bedeutet.[73]

Wenn die Inka sich selbst als *intipchurin* bezeichneten, dann nannten sie sich nicht „*Söhne* der Sonne".[74] Sie sagten damit vielmehr, sie seien Mitglieder der Gruppe aus den Männern und Frauen, die ihre Abstammung auf die Sonne zurückführten. Da ihre ersten menschlichen Ahnen Manco Capac und eine seiner Schwestern waren, entstand die Beziehung der Inka zu ihrem Sonnen-Vorfahren offenbar über dieses Paar, obwohl die genaue Verbindung nicht erläutert wird.

Frauen waren Mitglieder einer Abstammungsgruppe über die männliche Linie. Bei Heirat außerhalb dieser Gruppe gab es eine Reihe von Begriffen, die die neue Beziehung zwischen der Abstammungsgruppe der Frau und der ihres Mannes beschrieben. Das Wort *caca* oder *cacay* bezeichnete Männer, die mit einer Abstammungsgruppe durch Heirat verwandt waren. So nannte ein Mann beispielsweise seinen Schwiegervater *caca*. Ein Mann und sein Schwager nannten einander ebenfalls *caca*.

In unserem System der Verwandtschaftsrechnung sind dies Affinalverwandte, das heißt, sie sind durch Heirat verwandt, aber die Inka benutzten diese Begriffe auch für Verwandte, die nach unserem Verständnis blutsverwandt sind. So wurde *caca* für den Bruder der Mutter verwendet, der wie die ebenso bezeichneten Schwiegerverwandten nicht zu der Abstammungsgruppe gehörte.[75] Während unser System (und damit auch das der Spanier, das in den Anden eingeführt wurde) die Kernfamilie als Mittelpunkt des Verwandtschaftssystems ansieht, mit einer Berechnung von Blutsverwandtschaft auf beiden Seiten über eine bestimmte Zahl von Generationen hinauf, waren bei den Inka die Grenzen zwischen der Kernfamilie und anderen Verwandten weniger deutlich, und die Grenzen zwischen Abstammungsgruppen, die über die männliche Linie definiert wurden, wichtiger.

So wurden beispielsweise die Männer, die mit Mama Anahuarque, der Frau Pachacutis, verwandt waren, als *cacacuzcos* bezeichnet.[76] Sie waren Angehörige einer Abstammungsgruppe, die durch Heirat mit den Nachkommen Manco Capacs und seiner Schwester verwandt war. Da Sarmiento uns etwas über die Herkunft der Frauen erzählt, die in jeder Generation den Führer der dynastischen Abstammungsgruppe heirateten, können wir andere Gruppen von *cacacuzcos* identifizieren.

Indem man einen obersten Ahnen bestimmte, konnte genau festgelegt werden, wer ein Mitglied der Gruppe war und wer nicht. Es gab keine Überschneidungen zwischen Abstammungsgruppen. Nun lebten in Cuzco verschiedene Gruppen von Menschen, die ihre Abstammung nicht von Manco Capac herleiteten, wie jene Gruppen, die aus Nachkommen von den zwei Brüdern Manco Capacs bestanden. Obwohl die Mitglieder dieser Gruppen noch als Inka angesehen wurden und obwohl ihre Verbindungen zu den Nachfahren Manco Capacs genealogisch sein mochten, gehörten ihre Angehörigen nicht zu der dynastischen Abstammungsgruppe der Inka an sich.

Innerhalb der Gruppe der als Inka bezeichneten Menschen gab es erhebliche Statusunterschiede. In der Ursprungsgeschichte der Inka, wie sie im zweiten Kapitel nach Quellen aus Cuzco wiedergegeben ist, wurde festgestellt, daß einige Gruppen, die zur Zeit der spanischen Eroberung den Rang von Inka hatten, eine Blutsverwandtschaft mit der Abstammungsgruppe Manco Capacs aufwiesen, die auf die Zeit des „Ursprungs" zurückging. Diese Menschen waren aber eindeutig keine Nachkommen Manco Capacs. Manco Capac brachte zehn Gruppen aus der Gegend von Tambotoco mit, einschließlich jener beiden, die von seinen Brüdern abstammten. Abkömmlinge all dieser Gruppen – bis auf jene, die Cuzco wieder verließen – befanden sich noch in Cuzco, als die schriftlichen Berichte mit historischen Traditionen der Inka aufgezeichnet wurden.[77]

Der Ursprung der Inka in Sarmientos Bericht ist demnach eine Geschichte darüber, wie die verschiedenen Gruppen, die zur Zeit der spanischen Eroberung in Cuzco lebten, dorthin gekommen waren. Sie ist eine verschlüsselte Darstellung der Statusunterschiede zwischen Gruppen, die zu der größeren Einheit der Inka gehörten. Die Vergangenheit diente in diesem Fall dazu, bestimmte Aspekte der Sozialorganisation Cuzcos zu erklären und zu rechtfertigen. Da nach Betanzos' Bericht Pachacuti die soziale und religiöse Ordnung in Cuzco mit der gleichen Großzügigkeit änderte, mit der er auch die Neuanlage der Stadt anging, entspricht die überlieferte Zusammensetzung der Bevölkerung der Situation nach seinem Eingriff.

Als die Spanier in Cuzco ankamen, war der Verband der dynastischen Nachkommen (also der Nachfahren Manco Capacs) in elf Gruppen unterteilt, die *panaca* hießen. Jede führte ihre Herkunft auf einen der elf Herrscher zurück, die die zentralen Personen in den historischen Berichten aus Cuzco sind. Die Inka-Herrscher praktizierten die Mehrehe und hatten entsprechend viele Kinder. Nach der Definition der spanischen Berichte gehörten zu der *panaca* alle Nachkommen eines Herrschers außer dem Sohn, der die Herrschaft übernahm; dieser und vielleicht auch seine Brüder aus der Ehe zwischen ihrem Vater und der Hauptfrau (*coya*) bildeten ihre eigene neue *panaca*. Bei Sarmiento folgt auf die Lebensgeschichte jedes Herrschers ein Verweis auf den Namen seiner *panaca* und auf ihre Repräsentanten, die zur Zeit der Abfassung seines Buches noch in Cuzco lebten. Der Aufteilungsprozeß, durch den die *panaca* entstanden, ist ein wichtiger Bestandteil der historischen Berichte.

Allerdings enthalten diese Berichte auch Hinweise auf eine Reform der Abstammungsregeln etwa zur Zeit der Neuorganisation Cuzcos. Teil dieser Reform war die Einführung der Schwesternheirat. Über mehrere Generationen bis zu Pachacuti waren in der Dynastie Heiratsbündnisse mit nicht-inkaischen Gruppen üblich. Dieses Muster wurde von Pachacuti plötzlich durchbrochen, denn er verheiratete seinen Sohn Topa Inca mit dessen Vollschwester Mama Ocllo und erlaubte dem Paar, noch zu seinen Lebzeiten seine Nachfolge anzutreten. Von diesem Zeitpunkt an sollte das Paar, das als politisches Oberhaupt die Nachfolge übernahm, aus Vollgeschwistern bestehen.

Die Einführung der Schwesternheirat war ein radikaler Bruch mit der Vergangenheit. Ehebündnisse durch die Heirat einer Hauptfrau konnte es mit Nicht-Inka oder mit verwandten Gruppen nicht mehr geben. Aber was war der Grund für diese Neuerung in den dynastischen Praktiken der Inka? Die Umstände beim Herrschaftsantritt Topa Incas geben einen Hinweis. Sarmiento berichtet, daß Topa Inca nicht der erste Sohn war, der als Nachfolger ausgewählt worden war. Zuerst hatte Pachacuti Amaru Topa ernannt, einen älteren Sohn, der sich als hervorragender militärischer Führer bewährt hatte. Dann änderte Pachacuti seine Ansichten und ernannte Topa Inca, der für 15 oder 16 Jahre im Haus der Sonne verborgen gehalten worden war und den niemand „außer als Zeichen besonderer Gunst" gesehen hatte.[78] Als der Zeitpunkt für Topa Incas Initiation gekommen war, schuf sein Vater einen gänzlich neuen Ritus und baute weitere vier Häuser für die Sonne. Schließlich wurde Amaru Topa zu seinem Bruder geführt. Als er den Reichtum und die wichtigen Adligen in Topa Incas Begleitung sah, fiel er ehrfurchtsvoll nieder. Pachacuti ließ Topa Inca dann zum Hauptplatz Cuzcos führen, zusammen mit den heiligen Bildnissen, in einer Zeremonie, die prächtiger war als alles, was man je zuvor in Cuzco gesehen hatte. Für Topa Inca wurden Opfergaben in einem Feuer verbrannt. Es folgte Topa Incas Initiation und dann seine Heirat mit seiner Vollschwester Mama Ocllo.[79]

Sarmiento gibt diese Ereignisse wieder, ohne sie zu interpretieren. Die Schwesternheirat fällt zusammen mit der Anerkennung der heiligen Natur Topa Incas und der Einführung eines Kultes für ihn. Obwohl sich Sarmiento auf die Herrscher konzentriert, können wir aus seiner Darstellung ableiten, daß es sich in Wirklichkeit um eine Anerkennung des heiligen Status handelte, der in der Linie der direkten Nachfahren Manco Capacs vererbt wurde. Was geschah, war nicht nur eine Heiligung der Person des Herrschers, sondern eine Heiligung der Dynastie selbst. Die Inka waren *intipchurin*, die „Nachkommen der Sonne". Diejenigen, die diese Blutslinie bewahrten, waren heiliger als jene, deren Väter Inka waren, aber deren Mütter entweder keine gute Position in der Abstammungslinie oder überhaupt keine genealogische Verbindung zu Manco Capac hatten.

Ein einheimischer Autor, der Anfang des 17. Jahrhunderts schrieb, Pachacuti Yamqui Salcamaygua, bemerkt, daß Manco Capac niemanden finden konnte, der seiner Schwester gleich war, und sie deshalb heiratete, um sicherzustellen, daß die Inka nicht „ihre Kaste verloren".[80] Die Vorstellung, man verlöre eine soziale Position, wenn man jemanden von niedrigerem Status heiratete, ist auch den Beschreibungen von Guaman Poma de Ayala zu entnehmen, der die verderblichen Zustände in der Kolonialzeit darstellt, in der frühere gute Sitten aufgegeben worden seien.[81] Die Heirat innerhalb der Dynastie war also ein Weg, um den besonderen Status zu bewahren, der in der Linie Manco Capacs vererbt wurde.

Ein anderer Grund für die Heirat zwischen Bruder und Schwester war vielleicht, daß man dadurch keine Schwiegerverwandten bekam. Bei den heutigen Bewohnern der Anden, die noch Abstammungsgruppen benutzen, ist eine durch Heirat entstandene Beziehung nicht symmetrisch: Die Gruppe, zu der die Frau gehört, hat eine überlegene Position gegenüber der Gruppe, in die sie heiratet.[82] Die Informationen über den Aufstieg der Inka sind in den historischen Berichten verschlüsselt. Zunächst den Ayarmacas untergeordnet, erreichten die Inka zur Regierungszeit Yahuar Huacas Gleichrangigkeit in der Machthierarchie durch den gegenseitigen Austausch von Frauen. Indem die Inka später innerhalb der eigenen dynastischen Linie heirateten, vermieden sie es, die Überlegenheit einer anderen Gruppe anzuerkennen. Zu der Zeit, als Pachacuti seinen Sohn und seine Tochter miteinander verheiratete, hatte es keine politischen Vorteile mehr, ein Heiratsbündnis außerhalb der dynastischen Abstammungsgruppe zu suchen. Es bedeutete nur einen Verlust von Ansehen.

Da diese Erklärung jedoch in den Berichten nicht direkt zu finden ist, muß sie mit Vorsicht vorgetragen werden. Es gibt jedoch Hinweise darauf, daß Heiraten ein wichtiges Mittel waren, um sich eine höhere Position gegenüber anderen zu sichern. Als Viracocha, Pachacutis Vater, plante, den wichtigsten Machthaber im Titicacasee-Gebiet zu unterwerfen, beabsichtigte er, sich mit dessen lokalen Rivalen zu verbünden. Doch bei der Ankunft im Titicacasee-Gebiet stellte Viracocha fest, daß dieser Rivale den lokalen Machthaber bereits alleine besiegt hatte. Die Beziehungen Viracochas zu seinem potentiellen Verbündeten waren freundlich, aber als er bei einem gemeinsamen Trinkgelage dessen Tochter zur Heirat angeboten bekam, wich Viracocha sofort zurück und bemerkte, er sei zu alt zum Heiraten.[83] Wenn man die hier skizzierten Überlegungen anwendet, können wir daraus schließen, daß Viracocha eine Heirat vermeiden wollte, da sie Unterordnung symbolisiert hätte.

Wenn solche Heiraten eine Unterordnung bedeuteten, erklärt dies die Praxis von Pachacuti, Frauen seiner Abstammungsgruppe an die politischen Führer jener Gruppen zu verheiraten, die dem Reich angeschlossen worden waren. Betanzos berichtet mehrmals, daß Pachacuti und seine Nachfolger inkaische Frauen an lokale Herrscher verheirateten, sowohl bei Cuzco wie auch in weiter entfernten Gebieten.[84] Heiraten waren für die Inka weiterhin ein nützliches politisches Werkzeug.

Damit ist auch deutlich, daß die Zeugung von Nachkommen durch den Herrscher für die Dynastie wichtig war. Pachacuti zeugte nicht nur ein Bruder-Schwester-Paar, das die nächste Einheit der dynastischen Abstammungsgruppe hervorbringen sollte, sondern er heiratete auch alle seine Schwestern. Da die Gruppenzugehörigkeit über die männliche Linie bestimmt wurde, war es vorteilhaft, so viele Kinder wie möglich zu zeugen. Töchter waren besonders wertvoll, weil die Inka selbst nicht „die Kaste verlieren" wollten und deshalb vorzugsweise Frauen aus der eigenen Gruppe heirateten, und weil Frauen politisches Kapital außerhalb Cuzcos bildeten.[85]

Obwohl uns diese fremde Welt mit ihren politischen und verwandtschaftlichen Berechnungen kaum zugänglich ist, gibt es noch ein Thema, das nicht übergangen werden kann: Die Teilung Cuzcos in zwei Teile (*saya*), die Hanancuzco und Hurincuzco genannt wurden. Betanzos verbindet die Entstehung der beiden *saya* mit Pachacutis Reformen. Nach der Neuanlage Cuzcos verteilte Pachacuti die neuen Wohnstätten auf die verschiedenen *panaca* der Dynastie. Alle *panaca* der Herrscher vor ihm sollten in Hurincuzco wohnen, dem Gebiet zwischen den beiden Flüssen, das von der Coricancha bis zum Zusammenfluß des Huatanay und Tullumayo reichte (Karte 6). Dies war der Teil, in dem die Inka bis zur Herrschaft Inca Rocas gelebt hatten. Die drei Anführer, die Pachacuti bei seinem Sieg über die Chancas und bei der Weihung Cuzcos geholfen hatten, sollten sich ebenfalls dort niederlassen. Das Gebiet von Hanancuzco, oberhalb des Hauses der Sonne, sollte von seinen eigenen Nachkommen bewohnt werden.[86] Die Bewohner sollten jene Nachkommen Manco Capacs sein, die ihre Abstammung über die männliche und weibliche Linie verfolgen konnten. Die Bewohner von Hurincuzco waren im Gegensatz dazu Nachfahren von Manco Capac nur über die männliche Linie. Die Mütter der drei Anführer waren keine Inka. Ebenso waren die weiblichen Vorfahren, von denen die anderen *panaca* abstammten, keine Inka.

Die Teilung in Hanancuzco und Hurincuzco war mehr als nur eine Teilung in zwei Stadtbezirke. Die Stadt war jetzt – physisch und gedanklich – zweigeteilt: In das alte Cuzco, das an gleicher Stelle lag wie die erste Siedlung der Inka und von den Gruppen bewohnt wurde, die von Manco Capac abstammten und mit der frühen Geschichte der Stadt verbunden waren; und in das neue Cuzco, das räumlich oberhalb des alten lag und von den Gruppen bewohnt wurde, die mit der Reichsausdehnung verbunden waren und die das Prestige ihrer Blutlinie erhielten, indem sie so nahe wie möglich untereinander heirateten.

Die neue räumliche Gliederung scheint wirklich die Wahl der Wohnorte bestimmt zu haben. Mit Sicherheit lagen die Paläste Pachacutis und der beiden Herrscher nach ihm in Hanancuzco.[87] Angehörige der *panaca* konnten jedoch auch außerhalb der Stadt oder auf nahegelegenen Landsitzen leben. Wir kennen kein Verbot, nach dem Angehörigen der beiden Teile Cuzcos die Heirat untereinander untersagt war. Der Wohnort kann von anderen Umständen als nur der Abstammung abgehangen haben.

Vielmehr entstand die Verbindung von Abstammungsgruppen zur räumlichen Aufteilung Cuzcos dadurch, daß ihnen zur Verehrung bestimmte heilige Plätze (*huaca*) zugewiesen wurden, die sich in Cuzco und im Umland der Stadt befanden. Mehr als 300 *huaca* wurden so verteilt. Welche Abstammungsgruppen den Kult einer bestimmten *huaca* unterhielten, scheint in einem *quipo* festgehalten worden zu sein. Einzelne Bestandteile der Liste wurden wohl durch Knoten dargestellt. Die überlieferte Liste der *huaca* könnte von einem solchen *quipo* stammen, wobei jede Schnur die *huaca* auf einer bestimmten Linie festhielt. Diese Linien wurden in der Liste als *ceque* bezeichnet. Die meisten dieser imaginären Linien gingen von der Coricancha aus,[88] aber einige verzweigen sich auch von bestimmten *ceque*, als ob sie in dieser Art an den *quipo* geknotet gewesen waren, denn es war möglich, an die senkrecht herabhängenden Schnüre eines *quipo* weitere Nebenschnüre zu knüpfen, um darauf zusätzliche Angaben festzuhalten. Alles in allem gab es 41 *ceque* und mindestens 328 *huaca*.

Die Abstammungsgruppen aus Cuzco waren für den Kult der *huaca* auf einer bestimmten *ceque* zuständig. Aus der erhaltenen Liste der *huaca* kann man die Zuordnung rekonstruieren.[89] Aber nicht nur die *panaca*, sondern auch andere Gruppen mit Beziehungen zur frühen Geschichte Cuzcos – die als *ayllo* bezeichnet wurden – unterhielten *huaca* auf einzelnen *ceque*. Aus der Liste der *huaca* können wir die räumliche Organisation Cuzcos rekonstruieren. Wie das Tahuantinsuyo war die Stadt in vier Teile gegliedert. Zuerst wurde Cuzco in *saya* geteilt, also in Hanancuzco und Hurincuzco. Dann wurde es weiter in *suyo* untergliedert: Zu Hanancuzco gehörten Chinchaysuyo und Andesuyo, zu Hurincuzco Condesuyo und Collasuyo. Die folgenden Tabellen fassen die rekonstruierte Zuordnung der Abstammungsgruppen zu den *huaca* der einzelnen *suyo* zusammen. Alle Gruppen wurden dafür mit einer Nummer gekennzeichnet, die ihre genealogische Position anzeigt (siehe Tabelle 1), sowie mit einem Buchstaben, je nachdem, ob die Gruppe eine *panaca* oder ein *ayllo* ist. Der Name des Inka-Herrschers, der der Vorfahr der jeweiligen *panaca* ist, erscheint in Klammern (Tabelle 2).

Tabelle 2: Verteilung der *panaca* und *ayllo* auf die *suyo* (nach Rowe 1979, Abb. 8)

Chinchaysuyo
> 10P/Capac Ayllo (Topa Inca)
> 9P/Iñaca Panaca (Pachacuti)
> 6P/Vica Quirao Panaca (Inca Roca)
> 1A/Chawin Cusco Ayllo
> 2A/Ayraca Ayllo
> 4A/Huacaytaqui Ayllo

Andesuyo
> 8P/Sucso Panaca (Viracocha)
> 7P/Aucaylli Panaca (Yahuar Huaca)
> 3A/Tarpuntay Ayllo
> 5A/Sañoc Ayllo

Collasuyo
> 4P/Usca Mayta Panaca (Mayta Capac)
> 5P/Apu Mayta Panaca (Capac Yupanqui)
> 3P/Awayni Panaca (Lloque Yupanqui)
> 6A/Sutic Ayllo
> 7A/Maras Ayllo
> 8A/Cuycusa Ayllo

Condesuyo
> 2P/Raura Panaca (Sinchi Roca)
> 1P/Chima Panaca (Manco Capac)
> 9A/Maska Ayllo
> 10A/Kesco Ayllo

Tabelle 3: Anordnung der *panaca* und *ayllo* in Paaren

Chinchaysuyo	10P/1A		Andesuyo
	9P/2A	8P/3A	
	6P/4A	7P/5A	
Condesuyo		4P/6A	Collasuyo
	2P/9A	5P/7A	
	1P/10A	3P/8A	

Neben der laufenden Sorge für den Kult der *huaca* in Cuzco waren die *panaca* und *ayllo* auch besonders mit ihrem *suyo* verbunden, das sie während des jährlichen Situa-Festes, einem Reinigungsritual, säuberten. Je eine *panaca* und ein *ayllo* wurden für dieses Ritual zu einem Paar verbunden, und diese Paarung ist auf der dritten Tabelle wiedergegeben. Die Zahlen und Buchstaben, die die Gruppen bezeichnen, entsprechen denen auf der zweiten Tabelle.

Die hochentwickelte Organisation Cuzcos reflektiert ihre Umwandlung in die Hauptstadt des Inkareiches. Aber entspricht die überlieferte Form derjenigen aus der Zeit der Neuorganisation, oder ist sie vor der spanischen Eroberung noch einmal verändert worden? Auf der erhaltenen Liste fehlt die *panaca* des 11. und letzten Herrschers, Huayna Capac. Wenn wir Pachacuti, dem 9. Herrscher, die Anordnung der *panaca* und *ayllo*, wie in Tabelle 3 dargestellt, zuschreiben, so hat er nicht nur bereits seine eigene *panaca* untergebracht, sondern auch die seines Sohnes, Topa Inca. In diesem Fall könnte die Organisation mit zehn *ayllo* und zehn *panaca* vollständig gewesen sein, ohne daß eine weitere Veränderung geplant war. Die Einführung der Schwesternheirat sollte vielleicht den Prozeß der weiteren Aufsplitterung in *panaca* stoppen.

Andererseits könnte die Organisation so eingerichtet worden sein, daß neue *panaca* und *ayllo* untergebracht werden konnten, oder sie könnte in der Zeit nach Pachacuti geändert worden sein.[90] Sollte das der Fall sein, muß es einen Weg gegeben haben, neue *ayllo* zu bilden, da die *panaca* symmetrisch mit *ayllo* verbunden waren.

Nach Betanzos bildeten die Kinder der Herrscher mit nicht-inkaischen Frauen eine getrennte Abstammungsgruppe.[91] Auf diesem Weg könnte in jeder neuen Generation ein weiteres *ayllo* gebildet worden sein. Diese neuen *ayllo* gehörten zu Hurincuzco, da die einzelnen Mitglieder nur ihrem Vater nach Inka waren. Geht man von einer unendlichen Abfolge von Herrschern aus, hätte man das System unbegrenzt ausdehnen können.

Aus dem Blickwinkel Pachacutis war ein Wachstum des Systems vielleicht nicht wünschenswert. Um die Symmetrie in der Zuordnung zu Hanan- und Hurincuzco zu erhalten, mußten *panaca* fortschreitend von *hanan* nach *hurin* absteigen, während die *ayllo* schrittweise aufstiegen. Obwohl es offenbar Pachacutis Absicht war, Hanansaya mit seinen eigenen Nachkommen zu bevölkern, hätte die Weiterentwicklung des Systems nach weiteren acht Generationen dazu geführt, daß seine eigene *panaca* von Hanan- nach Hurinsaya wechselte.

Was auch immer beabsichtigt war, der Schöpfer des Systems konnte nicht sicherstellen, daß seine Nachkommen sein Werk unverändert ließen. In gewisser Weise waren jedoch alle neuen *panaca* nur eine Erweiterung seiner eigenen. Neue Generationen entstanden, aber die Heirat mit der Vollschwester bewirkte, daß die neuen Generationen so weit wie möglich seiner eigenen ähnelten.

5. Inka und *huaca* –
die Bedeutung des Übernatürlichen

Cuzco selbst war ein heiliger Ort, bewohnt von Geschöpfen, die ihre Abstammung auf die Sonne zurückführten. Diese genealogische Verbindung scheint den Inka übernatürliche Stellung verliehen zu haben. „Sie waren mehr als Menschen", schreibt ein spanischer Verwaltungsbeamter.[92] Der Begriff *capac* war ein Zusatz, teilt Betanzos mit, der „sehr viel mehr als König" bedeutet.[93] Der übernatürliche Status, über den die Inka verfügten, wird deutlich belegt durch die gleiche Behandlung, die Inka – soweit sie nahe mit Manco Capac verwandt waren – und andere übernatürliche Wesen in den Anden genossen.

Übernatürliche Wesen, wie auch heilige Orte und heilige Objekte, wurden in der Kategorie der *huaca* zusammengefaßt. Es gibt wichtige Unterschiede unter ihnen, die wir nicht völlig verstehen. Die meisten *huaca* waren aus Stein. Manche hatten eine menschliche Form, männlich oder weiblich, und manche waren die Kinder oder Gatten anderer *huaca*. Andere waren Darstellungen von Tieren. Sie wurden von bestimmten Personen versorgt, die mit ihnen sprachen und deren Aufgabe es war, ihnen Opfer darzubringen. Es war eine Gnade, mit *huaca* sprechen zu können, und diese Fähigkeit verlieh anscheinend einen besonderen Status. Eine andere Kategorie von *huaca* waren die mumifizierten Überreste von Vorfahren, die als *mallquis* bezeichnet wurden. Auch sie hatten Menschen, die für sie sorgten, und besondere Rituale. Eine dritte Kategorie von *huaca*, genannt *conopas*, war den einzelnen Haushalten heilig. Eines der Kinder – Sohn oder Tochter – erbte alle heiligen Objekte; sie wurden nicht unter den Nachkommen aufgeteilt.[94]

Von Topa Inca an wurden die Inka-Herrscher so behandelt, als gehörten sie zu den wichtigeren *huaca*. Ihr übernatürlicher Status leitete sich vermutlich von ihrer Beziehung zur Sonne ab. Es hieß, der Status stieg nach einem Begräbnisritus, *purucaya*,

der ein Jahr nach dem Tod eines regierenden Inka durchge-
führt wurde. Der Ritus fand offensichtlich auch nach dem
Tod der Ehefrau des Herrschers statt, da es Hinweise auf die
purucaya-Riten für Mama Ocllo, die Tochter Pachacutis und
Schwester-Ehefrau von Topa Inca, gibt. Dieser Ritus wurde
von verschiedenen spanischen Autoren mit der katholischen
Heiligsprechung gleichgesetzt, obwohl die damit angedeutete
Ähnlichkeit zwischen den Mumien der Inka und katholischen
Heiligen trügerisch ist.[95]

In der Inka-Geschichte von Sarmiento ist Topa Inca der erste Inca, der zu Lebzeiten wie ein übernatürliches Wesen behandelt wurde. Von der Zeit seiner Machtübernahme an erscheint er wie eine bedeutende *huaca*. Die Spanier, die über
die Inka schrieben, hatten ihre eigene Vorstellung von König-
tum und begriffen den Anspruch auf einen übernatürlichen
Status bei den Nachkommen Manco Capacs nicht völlig. Vielleicht standen die Kandidaten, die nach dem Tod Huascars
und Atahuallpas für die Nachfolge als Herrscher vorgeschla-
gen wurden, nicht nahe genug an der Blutlinie, die übernatürlichen Status verlieh. Vielleicht hat aber auch die Niederlage
von Huascar und Atahuallpa den übernatürlichen Status ent-
wertet.

Wie auch immer, in den historischen Darstellungen findet
man klare Hinweise auf die übernatürliche Stellung der Inka.
So erzählt Sarmiento uns, daß Topa Inca nach seiner Krönung
auf seinen Feldzügen im Norden wie eine *huaca* behandelt
wurde. Niemand wagte, ihm ins Gesicht zu sehen. In einiger
Entfernung zur Straße, auf der er reiste, beteten ihn die Menschen von den Berggipfeln an. Bei der Durchreise erhielt er
Opfergaben. Einige opferten ihm Koka, andere rissen sich
Augenwimpern aus und bliesen sie in seine Richtung. Diese
letzte Form des Opfers konnten selbst die Ärmsten der Sonne
geben. In den Städten, die Topa Inca besuchte, wurden Opfergaben vor seinem Sitzplatz verbrannt, in derselben Weise, wie
die Sonne „ernährt" wurde.[96]

Daß die Menschen sich entfernt hielten, ist ein Hinweis auf
die heilige Stellung des Inka. Cieza de León, ein spanischer

Soldat, beschreibt dieses Verhalten und erzählt, daß die Inka-herrscher sehr gefürchtet wurden und daß unter den Zuschauern großes Geschrei entstand, wenn einmal der Schleier von der Sänfte des Inka glitt. Anderswo schreibt er, daß ihr Geschrei aus verschiedenen ehrenvollen Titeln als Zeichen der Verehrung bestand.[97]

Das Wort, das Sarmiento benutzte, wenn es um die Behandlung Topa Incas ging, ist *mochar*, eine spanische Entstellung eines Inka-Wortes für eine besondere Geste der Verehrung. *Mocha* war eine Form des Opfers, die *huaca* von ihren rituellen Spezialisten erhielten. Es bestand darin, die linke Hand zu der *huaca* zu halten und die Finger zu öffnen, „als ob man einen Kuß gibt". Nur die rituellen Spezialisten durften zu der *huaca* gehen. Die gewöhnlichen Menschen versammelten sich anderswo und nahmen nur an einer rituellen Anrufung nach der Zeremonie teil. Übernatürliche Wesen wie die Sonne und der Donner wurden auf diese Weise angebetet und ebenso die herrschenden Inka.[98]

Die Sonne wurde rituell ernährt, und die rituelle Ernährung (durch das Verbrennen von Opfergaben) des Inka, eines lebenden Wesens, das wie jedes andere lebende Wesen essen mußte, bekräftigt nur die Gleichsetzung zwischen Sonne und Inka-Herrscher. Diese war auch auf andere Weise offensichtlich. Die Sonne besaß Häuser im Zentrum des neuen Cuzco nahe der Inticancha, dem Wohnort der ersten Generationen der Inka, sowie in vielen der Provinzen. Eine große Zahl von Frauen wurde dem Dienst für die Sonne zugewiesen, ebenso wie Abhängige, die *yanacona* genannt wurden. Um die Opfergaben zu produzieren und den riesigen Haushalt der Sonne zu unterhalten, erhielt der Kult Land und Herden. Schließlich besaß die Sonne noch verschiedene Kostbarkeiten.[99] Dieser Besitz ähnelte in Umfang und Art jenem, den jeder Inka Herrscher – zumindest von Pachacuti an – während seiner Lebenszeit anzuhäufen versuchte.

Obwohl wir den Umfang des Besitzes der Sonne nicht kennen, wurde in jeder Provinz zum Nutzen dieses übernatürlichen Wesens Land bearbeitet, und einige Provinzen waren ganz dem Kult der Sonne gewidmet.[100] Vielleicht war der Besitz direkt mit dem Personal und den Häusern der Sonne in diesen Regionen verbunden. Zur Zeit der spanischen Eroberung war Vila Oma, ein Bruder Huayna Capacs, der oberste Verwalter der Sonne.[101]

Jeder Inka verfügte über Besitz mit ähnlichen Ressourcen, das heißt mit Frauen, Abhängigen, Land, Herden und kostbaren Gütern.[102] Ehefrauen konnten eigenen Besitz haben, und selbst die Bildnisse, die *huaoque*, die manchmal als Vertreter des Inka dienten, konnten über Eigentum verfügen.[103] Die Ausstattung für den Kult der früheren Herrscher war von Pachacuti eingerichtet oder zumindest gefördert worden, als er den Mumien seiner Vorfahren Geschenke machte.[104]

Am besten ist der Besitz jener Inka-Herrscher, die das Reich eroberten, dokumentiert; er umfaßte auch Land in einiger Entfernung von Cuzco. Eine Beschreibung von Topa Incas Besitz gibt eine Idee von seinem Ausmaß und seiner Vielfalt. Als die Spanier Cuzco erreichten, wurde dieser Besitz von einem seiner Urenkel verwaltet und umfaßte Paläste am Hauptplatz von Cuzco, Paläste auf dem Land nahe Cuzco in Calispuquio, Chinchero, Urcos (heute Urquillos) und Guaillabamba, die Provinz Parinacocha auf den Westhängen der Kordillere im Westen Cuzcos mit einer Bevölkerung von 4000 Haushalten, eine zweite Provinz in Quipa (nahe Pucara) und Azángaro im nördlichen Titicacasee-Becken mit 4500 Haushalten, einschließlich von außenliegenden Gemeinschaften im Carabaya-Gebiet östlich des Sees, wo Gold gewaschen wurde, und eine dritte Provinz in Achambi im Süden Cuzcos auf der Westseite der Andenkordillere, mit 4500 Haushalten.[105]

Ein Teil dieses Besitzes wurde vermutlich durch Eroberungen und die Ausrottung der Bewohner erworben. Beispielsweise besaß Pachacuti mehrere Ländereien im Urubamba-Tal (Karte 8), die er sich auf diese Weise angeeignet hatte. Nach einem erfolglosen Versuch, ihn im Gebiet der Cuyos bei Pisac zu ermorden (Karte 4), vernichtete dieser Inka-Herrscher die Bewohner Cuyos' und setzte seinen Feldzug durch das Urubamba-Tal fort. Er legte mehrere private Landsitze in diesem

Gebiet an, von denen einer die berühmte archäologische Fundstätte Machu Picchu ist.[106] Als Topa Inca beim Tode seines Vaters einen Aufstand der Collas niederschlug, stieß er auf starken Widerstand in Asillo, in einem Gebiet, wo er später private Besitzungen anlegte.[107]

Die Besitzungen der Sonne und einzelner Inka-Herrscher ähnelten jenen anderer wichtiger *huaca*, wenn auch nicht ermittelt werden kann, ob die Inka diese Einrichtungen nach dem Vorbild vorhandener Institutionen schufen oder als erste mit der Vergabe von Besitz an die *huaca* begannen. Die Inka-Herrscher gaben Geschenke von Land, Frauen, Abhängigen, Herden und kostbaren Gütern an einzelne *huaca*. Wichtige *huaca*, die durch tragbare Bildnisse repräsentiert wurden, kamen einmal im Jahr nach Cuzco. Sie sollten dort vorhersagen, was im nächsten Jahr passieren würde. *Huaca*, deren Vorhersagen aus dem vorangehenden Jahr eingetroffen waren, wurden reich belohnt. Wie es scheint, konnten *huaca* auch bestraft werden. Sie konnten sogar getötet werden, und eine *huaca*, die vernichtet worden war, wurde als *atisca* bezeichnet.[108]

Die Inka, die Sonne und eine Anzahl regionaler *huaca* unterhielten verschiedene Arten von Beziehungen untereinander. Beispielsweise gaben die Inka Geschenke an die Sonne, aber es war möglich, diese durch ein Spiel zurückzugewinnen, das *ayllusca* hieß. Das Ziel des Spiels war, eine Stoffschlange, die in die Luft geworfen wurde, mit einer *ayllo* oder Bola einzufangen. Dieses Spiel konnte auch mit anderen übernatürlichen Wesen gespielt werden.[109]

Eine Geschichte über das erste Zusammentreffen zwischen Topa Inca und Pachacamac, der wichtigsten *huaca* an der Küste, gibt uns einen Rahmen zum Verständnis der Beziehungen zwischen mächtigen übernatürlichen Wesen. Als Topa Incas Mutter, Mama Anahuarque, mit ihm schwanger war, kam eine Stimme aus ihrem Bauch und sagte ihr, es gebe an der Küste einen Schöpfer in dem Tal Irma (für Ichma, dem heutigen Lurín-Tal unmittelbar südlich von Lima). Als Topa Inca erwachsen war, erzählte seine Mutter ihm, was sich ereignet hatte, und ihr Sohn beschloß, nach diesem übernatürlichen Wesen zu suchen. Er reiste zu dem Ort, der heute als Pachacamac bekannt ist (Karte 5), und verbrachte viele Tage fastend und betend, bis Pachacamac schließlich mit ihm sprach.

Pachacamac erzählte Topa Inca, daß er alle Dinge „hier unten" geschaffen habe, und wir interpretieren dies als „an der Küste". Er sagte auch, daß die Sonne sein Bruder sei und alle Dinge „dort oben" geschaffen habe, das heißt im Hochland. Der Inka und seine Begleiter brachten Pachacamac umfangreiche Opfer dar. Als er gefragt wurde, welche Arten von Opfern er gerne hätte, antwortete Pachacamac – der aus einem Stein sprach –, daß er eine Frau und Kinder habe und daß die Inka ihm ein Haus bauen sollten. Topa Inca baute ihm ein Haus in Pachacamac. Pachacamac sagte ihm auch, er habe vier Kinder. Eins befand sich im Tal von Mala an der Küste nach Süden, ein zweites in Chincha, an der Küste noch weiter im Süden, ein drittes in Andahuaylas, im Hochland bei Cuzco, und das vierte war ein tragbares Bildnis, das er Topa Inca gab.[110]

Die Geschichte wurde offensichtlich aus der Sicht der Inka erzählt, da sie das bereits existierende Heiligtum in Pachacamac nicht erwähnt. Das Heiligtum ist seit Anfang dieses Jahrhunderts von Archäologen untersucht worden, und sie fanden heraus, daß es an diesem Ort schon ein halbes Jahrtausend vor der Entstehung des Inkareiches bestand. Es ist keine Überraschung, daß Verwandtschaftsbegriffe als Ausdruck für die Beziehungen zwischen Pachacamac und anderen, geringeren übernatürlichen Wesen wie auch zwischen Pachacamac und der Sonne benutzt werden: In der Geschichte sind Pachacamac und die Sonne Brüder. Interessanterweise wird keine hierarchische Beziehung zwischen den beiden ausgedrückt. Schließlich waren beide Schöpfer und die Vorfahren heiliger Wesen: Pachacamac hatte seine *huaca*-Kinder und die Sonne die Inka.

In diese Geschichte eingearbeitet ist die Vorstellung, daß es mehr als einen Schöpfer gab und daß die Sonne ein wichtiger Schöpfer war. In anderen Berichten, die auf Informationen aus

Cuzco beruhen, war die Sonne einer obersten Gottheit untergeordnet, die oft als Viracocha Pachayachachi bezeichnet wird und von der es heißt, sie habe alles erschaffen.

Ob die Inka einen obersten Schöpfer neben der Sonne kannten, ist eine offene Frage. Eine Gottheit namens Ticci Viracocha oder Viracocha Pachayachachi ist in einer Anzahl von Berichten als oberste Schöpfergottheit beschrieben, einschließlich in denen indianischer Autoren. [111] Im 16. Jahrhundert wurden von den Spaniern Parallelen zwischen den religiösen Überzeugungen der Indianer und dem Katholizismus gesucht, und die Identifizierung eines obersten Schöpfers könnte ein Teil eines Versuchs sein, das Christentum auf dem einheimischen Glauben aufzubauen. Vorspanisches Vorkommen von christlichen Überzeugungen wurde als Beweis für deren „Wahrheit" benutzt, und sie waren ein wichtiges Instrument bei der Missionierung der indianischen Bevölkerung. Diese Bemühungen sind manchmal durchsichtig, wie zum Beispiel wenn der Fund eines Keramikgefäßes mit drei Köpfen im Altiplano von Bolivien von einem Augustiner als Hinweis auf einen Glauben an die Dreifaltigkeit interpretiert wurde.

Die Verwirrung über Viracocha in den Quellen deutet darauf hin, daß die Gleichsetzung dieses Wesens mit einem obersten Schöpfer ähnlich dem christlichen Gott falsch sein mag. Wenn Betanzos uns berichtet, daß die Inka glaubten, Viracocha Pachayacachi habe die Sonne erschaffen, erwähnt er auch, „sie ändern ihre Geschichte" und manchmal sagen sie, die Sonne sei der Schöpfer, während sie zu anderen Zeiten die Schöpfung Viracocha zuschreiben. Sarmiento ist überzeugt, daß Viracocha ein oberster Schöpfer ist, aber es gibt auch in seinem Bericht Hinweise auf Unklarheiten: Die meiste Zeit sind die Inka „Söhne der Sonne" (seine Übersetzung von *intipchurin*), aber an einer Stelle nennt er sie „Söhne Viracochas". Er lokalisiert auch einen „Tempel der Sonne und die *huaca* von Ticci Viracocha" auf einer Insel im Titicacasee. Diese Insel war eng mit dem Sonnenkult verbunden, und die Hinzufügung eines Heiligtums für Viracocha könnte ein christlicher Versuch sein, Viracocha und den Sonnenkult zu verschmelzen. Polo schreibt, er habe in Cuzco nach dem Haus Viracochas gesucht, ohne es zu finden, und er fügt an, man habe ihm erzählt, daß es am selben Platz wie die Häuser der Sonne liege. Schließlich gibt es Verwirrung darüber, welches übernatürliche Wesen Pachacuti vor dem Angriff der Chancas in Susurpuquio erschienen ist. Betanzos sagt, es sei Viracocha Pachayachachi gewesen. Sarmiento beschreibt die Erscheinung als ein Wesen „wie die Sonne". Molina gibt ein Gespräch wieder, in dem sich das übernatürliche Wesen als die Sonne identifiziert.[112]

Es gab weiterhin eine lokale Gottheit, die als Viracocha bezeichnet wurde. Cristóbal de Molina, ein Priester, der in Cuzco Indianer missionierte, erwähnt einen Berg in einer Provinz südlich Cuzcos mit Namen Cacha Viracocha. Hier hatte Huayna Capac einen Kult eingerichtet. Betanzos fügt an, daß dieser Kult Frauen und *yanacona* erhielt und vermutlich auch Ressourcen, um ihn mit Opfergaben zu versorgen.[113] Die Verehrung dieser Gottheit könnte mit dem Sonnenkult verwechselt worden sein. Eine andere Möglichkeit ist, daß mehrere übernatürliche Wesen die Bezeichnung Viracocha als Bestandteil ihres Namens führten. Viracocha Pachayachachi selbst könnte ein weiteres übernatürliches Wesen gewesen sein oder ein Aspekt der Sonne.

Ein wichtiger Grund für Zweifel an der Existenz eines obersten Schöpfers neben der Sonne ist das Fehlen von Belegen für die materielle Versorgung des Kults einer solchen Gottheit. Wichtige übernatürliche Wesen waren nicht arm; sie hatten Besitz, der ein komplexes Programm von Diensten und Opferungen möglich machte. Wenn es ein separates, wichtiges Schöpferwesen gab, können wir erwarten, daß es Ressourcen im vergleichbaren Umfang wie die Sonne besaß. Das ist jedoch nicht der Fall.

In dem kurzen Bericht des Priesters José de Arriaga über religiöse Praktiken wird kein oberster Schöpfer erwähnt. Er stellt vielmehr fest, daß die *huaca* die *runapcamac* waren, was er als „Schöpfer der Menschen" übersetzt.[114] Vielleicht ist gemeint, daß die *huaca* die Erzeuger der Lebewesen waren, daß sie der Ursprung von Lebensformen oder belebten Objekten waren. Schnelle religiöse Veränderungen nach der spanischen Eroberung beeinträchtigen unser Verständnis des inkaischen Glaubenssystems. Allerdings wurde der Sonnenkult nicht sofort ausgerottet. Selbst im 17. Jahrhundert traf Arriaga noch auf religiöse Praktiken, die mit dem Kult der Sonne und anderer inkaischer übernatürlicher Wesen zusammenhingen.

In der oben zitierten Geschichte bezeichnet Santillán sowohl die Sonne wie auch Pachacamac als Schöpfer. Wenn die andinen Völker an verschiedene Schöpfer und die damit verbundenen getrennten Ursprünge verschiedener Menschen glaubten, dann hatten sie mit einer neuen Mythe zu kämpfen, die die Spanier einführten: Nach dieser stammten alle Menschen von Adam und Eva ab, die von einem einzigen übernatürlichen Wesen geschaffen worden waren. Das übernatürliche Wesen der Christen mochte verschiedene Aspekte haben, aber es war das einzige übernatürliche Wesen in der Welt, abgesehen von dem Teufel, einem bösen Alterego, das nicht verehrt wurde. Die Konstruktion eines andinen Schöpfers, der dem obersten Wesen der Christen ähnlich war, könnte geholfen haben, den Übergang zum Christentum zu erleichtern, und er könnte fast unbewußt von christlichen Autoren eingeführt worden sein, selbst von jenen indianischer Herkunft.

In Santilláns Geschichte finden sich die Umrisse einer anderen Weltsicht, und zwar eines Weltbildes, das spezifisch inkaisch sein mochte. Zwei Welten, Küste und Hochland, wurden getrennt geschaffen. Die Beziehung zwischen ihren obersten übernatürlichen Wesen entsprach Verwandtschaftsbindungen. Bestimmte Aspekte der inkaischen Verwaltung, wie sie im siebten Kapitel diskutiert werden, folgen der gedanklichen Teilung des Raums, wie sie in Santilláns Geschichte dargestellt wird; es gibt zwei Listen über die Art der Dienste, die unterworfene Provinzen den Inka leisten mußten, eine für die Küste und eine zweite für das Hochland.[115]

Vielleicht hat Santilláns Bericht einen historischen Gehalt. Beispielsweise entstand tatsächlich eine Beziehung zwischen

Topa Inca und Pachacamac, weil der Inka Geschenke an den Kult gab. Pachacamac hat vermutlich weitere Gaben von Huayna Capac erhalten. Ein einheimischer Autor, dessen Vorfahren Huayna Capac auf Feldzügen gefolgt waren und Informationen über die Reisen dieses Inka in der nördlichen Hälfte des Reiches geliefert haben, schreibt, daß Pachacamac Huayna Capac an die Küste rief. Als Huayna Capac der Aufforderung nachkam, bat Pachacamac darum, nach Chimo gebracht zu werden, nahe der heutigen Stadt Trujillo, wo er mit einem beachtlichen Aufwand an Bediensteten untergebracht wurde. Huayna Capac versprach, den ehrgeizigen Wunsch Pachacamacs zu erfüllen.[116]

Die Überreste der monumentalen inkaischen Bauwerke können noch heute in Pachacamac angesehen werden, und die Bedeutung der inkaischen Präsenz ist erkennbar. Bestimmte Aspekte der Einrichtungen für Pachacamac, wie zum Beispiel eine Anlage, in der dem Kult geweihte Frauen wohnten, konnten identifiziert werden. Ein Friedhof mit Grabstätten von Frauen wurde auf einer Terrasse der Plattform gefunden, die die Inka an dem Ort errichteten. Wegen der Trockenheit an der peruanischen Küste ist die Kleidung der Toten, die einst zu Pachacamacs Kult gehörten, erhalten geblieben. Die Frauen trugen Kleidung in inkaischem Stil.[117] Die Inka übten auch einen starken Einfluß auf die materielle Kultur in Chincha aus, das heißt, das Tal mit dieser untergeordneten *huaca* stand auch im Zentrum ihrer Interessen, entsprechend der Stellung der *huaca* als Kind Pachacamacs.[118]

Pachacamac hatte eine „Heimat" an der Küste, die der inkaischen Expansion vorausging. Wenn wir die Geschichte historisch auslegen, erzählt sie uns, wie Verhandlungen und nicht Eroberungen die Beziehung zwischen den Inka und dem Pachacamac-Kult prägten.

Der Kult der Sonne ging ebenfalls der Zeit der inkaischen Expansion voraus, aber dieser Kult spielte in der inkaischen Vergangenheit eine Rolle und über die Beziehung zur Sonne konnte nicht verhandelt werden wie über die zu Pachacamac. Auf der Insel Titicaca in der Nähe von Copacabana (Karte 5) befand sich ein heiliger Felsen, von dem geglaubt wurde, die Sonne sei daraus hervorgegangen. Dies war der *pacarisca* oder der Ursprungsort der Sonne. Es gibt keine Geschichte über ein Zusammentreffen zwischen den Inka und diesem übernatürlichen Wesen, in dem seine „Menschlichkeit" erkennbar wird, und daher wissen wir nicht, ob das mit Titicaca verbundene übernatürliche Wesen ursprünglich als Inhaber eines bestimmten Geschlechts mit Ehepartnern und Kindern aufgefaßt wurde. Frühe Vorstellungen über dieses übernatürliche Wesen können durch die Adoption als Vorfahr in der dynastischen Abstammungsgruppe verwischt worden sein. Versuche, die dynastische Linie mit dem heiligen Felsen auf der Insel Titicaca zu verbinden, führten zu einer Variante im Ursprungsmythos der Inka. Statt aus einer Höhle in Pacaritambo hervorzugehen, kamen Manco Capac und seine Schwester, die Vorfahren der Inka, von der Insel Titicaca.[119]

Die Inka könnten den Anspruch auf eine Beziehung zur Sonnengottheit usurpiert haben, nachdem dieser Anspruch in den Jahren vor der inkaischen Expansion von einer anderen Gruppe erhoben worden war. Die Collas, deren Machtzentrum im nördlichen Titicacasee-Becken lag, beanspruchten die Auszeichnung, „Nachkommen der Sonne" zu sein, als sie gegen die Inkaherrschaft rebellierten.[120] Eine enge Verbindung zu einem wichtigen übernatürlichen Wesen zu behaupten mochte ein ideologisches Mittel sein, um militärische und diplomatische Machtstrategien zu ergänzen. Vielleicht war der Anspruch mit der Colla-Herrschaft im Titicacasee-Gebiet vor den Inka-Eroberungen verknüpft. Wenn die Beziehung zur Sonne ein gewisses Alter hatte, dann haben sich die Inka eine Rolle angeeignet, die schon vorher existierte.

Wie auch immer, die Inka „besiegten" Titicaca nicht. Im Gegenteil, als *pacarisca* der Sonne hatte die *huaca* einen Platz in dem Reichskult. Ein größeres Bauprojekt wurde auf der Insel Titicaca begonnen. Die Bewohner auf der benachbarten Copacabana-Halbinsel wurden umgesiedelt, und eine multiethnische Gemeinschaft von Menschen aus mehr als 40 Völkern wurde auf der Halbinsel angesiedelt. Der Kult wurde von hochrangigen Mitgliedern der inkaischen *panaca* geleitet. Vermutlich wurde der Kult mit Ressourcen ausgestattet, um Bedienstete zu unterhalten und ein komplexes Programm von Opferungen zu ermöglichen. Der Zugang zu dem Ort war beschränkt und den Collas wurde verboten, an dem *capac raymi* und *inti raymi* teilzunehmen, den wichtigsten Festen des inkaischen Zeremonialkalenders.[121] Der Titicaca-Kult wurde okkupiert und verändert, um die Verbindung zwischen der dynastischen Linie der Inka und diesem wichtigen übernatürlichen Wesen zu spiegeln.

Es war notwendig, mit einer wichtigen *huaca* zu verhandeln oder sie in anderer Weise zu neutralisieren, weil diese Wesen selbst politische Macht hatten. Obwohl es keine Fälle von bedeutenden übernatürlichen Wesen gibt, die gegen die Inka kämpften, finden sich zahlreiche Hinweise auf die Teilnahme geringerer *huaca* am Krieg oder am Widerstand gegen die Herrschaft Cuzcos. Wenn wir Sarmientos Darstellung genau verfolgen, so erkennt man, daß der Einfall der Chancas in Cuzco durch zwei *huaca* geleitet wurde.[122] Juan de Santa Cruz Pachacuti berichtet mehrmals von Schlachten, bei denen die Inka gegen bekannte *huaca* kämpften oder bei denen übernatürliche Wesen der inkaischen Seite halfen.[123] Die Inka nahmen meistens das Bildnis Manco Capacs und andere mit in die Schlacht. Ebenso konnte ein lebender Herrscher eine Abbildung von sich in die Schlacht schicken, so daß er danach den Ruhm für einen Sieg in Anspruch nehmen konnte.[124]

Angaben über den Status von Inka und übernatürlichen Wesen zeigen eine gänzlich andere Aufteilung der natürlichen und übernatürlichen Welt als unsere eigene. Auf der einen Seite überzeugten die Inka ihre Untertanen, daß sie „mehr als Menschen" waren – daß sie übernatürliches Wissen besaßen, daß sie mit übernatürlichen Wesen sprechen konnten und daß sie mit einem wichtigen übernatürlichen Wesen eng verbunden waren. Auf der anderen Seite griffen wichtige übernatürliche Wesen in das menschliche Leben ein und wiesen selbst einen hohen Grad von „Menschlichkeit" auf. Sie mußten versorgt werden, und sie konnten sprechen. Sie spielten eine wichtige Rolle auf der politischen Bühne, indem sie Bedingungen für ihre Akzeptanz der Inka-Herrschaft aushandelten und indem sie dieser Widerstand leisteten. Wie im Fall der Inka, die die Abstammung von einem übernatürlichen Wesen beanspruchten, konnten *huaca* genealogische Beziehungen zu der menschlichen Bevölkerung haben. Es existierte keine scharfe Trennung zwischen den Kategorien natürlich und übernatürlich.

Schärfer waren die Grenzen zwischen Abstammungsgruppen definiert. Anstelle einer einzigen Art von menschlichen Wesen gab es viele von ihnen. Wenn eine Gruppe mächtig geworden war, konnte sie ihre Beziehungen zu den anderen neu festlegen. Die Inka definierten ihre Abstammungsgruppe und deren Rolle in der andinen Welt neu und begannen danach, ihre Vorstellung von Ordnung auf andere andine Gruppen auszudehnen, die in den von Cuzco beherrschten Provinzen lebten.

6. Organisation der Provinzen

Inka und *huaca* besaßen Land, Herden und abhängiges Gefolge. Einige dieser Besitztümer entsprachen ganzen Provinzen. Zum Besitz Topa Incas gehörten Gebiete in einiger Entfernung von Cuzco: Parinacochas, Azángaro und Achambi. Zwei Inseln vor der Copacabana-Halbinsel im Titicacasee bildeten zusammen mit der Halbinsel ein separates Territorium, das dem Kult der Sonne geweiht war.[125] In einigen Fällen bildete Topa Incas Besitz keine getrennte Provinz, sondern war mit dem Land der Sonne vermischt.[126] Trotzdem bestand der Besitz einzelner Inka und wichtiger übernatürlicher Wesen – ob in irgendeiner Weise zusammengefaßt oder nicht – aus separaten, umgrenzten Territorien, die physisch von anderen Provinzen getrennt waren.

Es gibt zahlreiche Hinweise auf „Provinzen" in den spanischen Dokumenten, oft bezeichnet mit dem Namen der dort wohnenden Gruppe. Wir können allerdings nicht annehmen, daß die Begriffe in spanischen Dokumenten indianische Vorstellungen von räumlicher Organisation korrekt wiedergeben. Hatten die Inka eine Vorstellung von Territorien, die durch Grenzen definiert waren?

Die Inka hatten eine Vorstellung von begrenztem Territorium und definierten Provinzen aufgrund von festen Grenzlinien. Die Grenzen zwischen Provinzen im Hochland waren entlang landschaftlicher Merkmale gezogen, selbst dort, wo sie durch unbewohnte Gebiete gingen.[127] Obwohl solche Gebiete den Spaniern leer erschienen, waren sie als Weideflächen für domestizierte und wilde Kameliden (Lama, Alpaka, Guanaco, Vikuña) wirtschaftlich wertvoll. Auch dienten sie zur organisierten Jagd auf andere Wildtiere.

Territorien waren begrenzt, aber die Menschen, die einer Provinz angehörten, mußten nicht notwendigerweise innerhalb ihrer Grenzen leben. Die Inka siedelten zahlreiche Gruppen um, sowohl innerhalb ihrer Heimatgebiete wie auch in entfernt liegende Regionen. In einigen Fällen wurde ein Gebiet entvölkert und dann mit Gemeinschaften von Menschen verschiedener Herkunft neu besiedelt.[128] Gruppen von Menschen aus der Nähe Cuzcos wurden zur Sicherung in neu annektierte Gebiete geschickt. Oft hatte die Umsiedlung auch mit der Güterproduktion zu tun. Gemeinschaften von Handwerkern fanden sich in der Nähe von inkaischen Verwaltungszentren, damit sie nahe bei den Speichern lebten, in denen ihre Produkte untergebracht wurden. Menschen wurden eingezogen, um einzelnen Inka zu dienen, und in Gemeinden auf den Ländereien der Inka-Herrscher angesiedelt. Für inkaische Projekte wie Bergbau, Koka-Anbau und militärische Garnisonen war die dauerhafte Umsiedlung von Gemeinschaften in Gebiete weit entfernt von ihrer Heimat erforderlich. Menschen aus hochliegenden Provinzen wurden in tieferliegenden Talgebieten angesiedelt, um Nahrungsmittel für ihre Ursprungsprovinzen anzubauen.[129]

Personen, die dauerhaft umgesiedelt wurden, hießen *mitima*. Viele wurden in Gebieten außerhalb ihrer Heimatprovinzen angesiedelt, aber gehörten weiterhin zu ihrer Ursprungsprovinz, so als ob sie herangezogen worden wären, um einen Arbeitstribut dieser Provinz zu erfüllen, wie im nächsten Kapitel beschrieben werden wird. Sie unterstanden vermutlich den politischen Autoritäten der Regionen, in die sie umgesiedelt worden waren.[130]

Betrachten wir nun genauer die inkaische Provinz-Aufteilung in einem Teil des Inkareiches, dem Titicacasee-Gebiet (Karte 7). Zunächst einmal berücksichtigt sie die Gliederung des gesamten nördlichen Collasuyo in eine westliche und östliche Hälfte, genannt Urcosuyo und Umasuyo. Südlich Cuzcos bildete die Straße ins Collasuyo die Grenze zwischen Urcosuyo und Umasuyo. Vor Erreichen des Titicacasees, in Ayaviri, teilte sich die Straße in zwei Zweige, die ebenfalls Urcosuyo und Umasuyo hießen und die den Titicacasee westlich bzw. östlich passierten, bis sie südlich des Sees, in Caracolla im heutigen bolivianischen Hochland, wieder aufeinandertrafen.[131] Die Grenze zwischen Urcosuyo und Umasuyo scheint den Titicacasee zu durchschneiden, obwohl die Einordnung

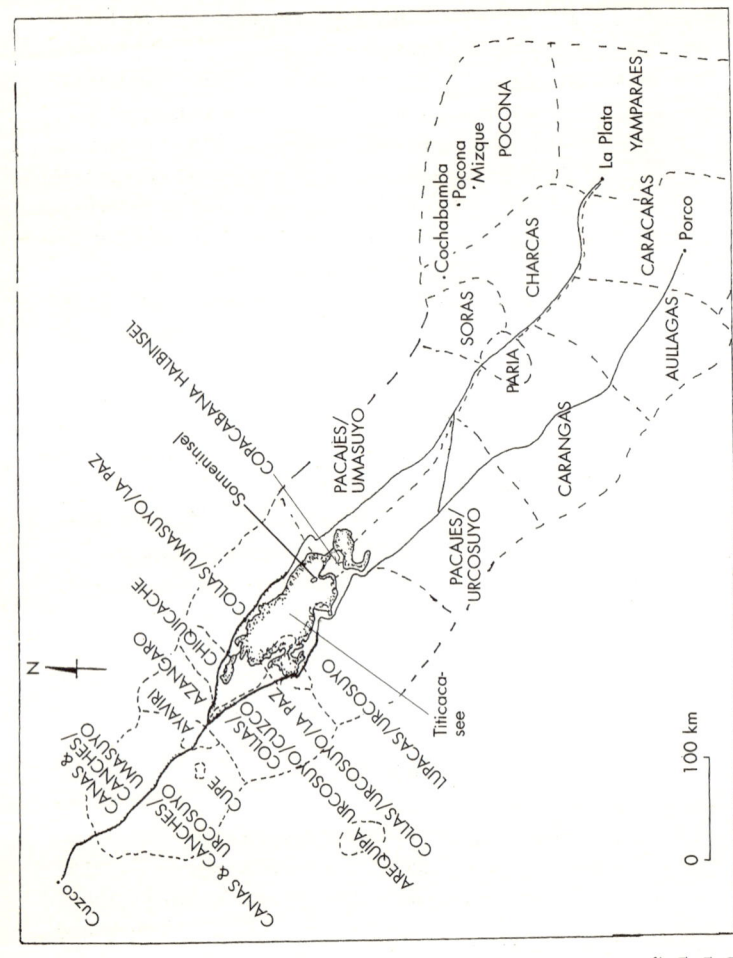

Karte 7: Inkaische
Provinzen in
Collasuyo (nach
Julien 1993, Abb. 7.1)

verschiedener Orte entlang dieser Grenze im Seegebiet uneindeutig ist. Als die Bewohner des Collasuyo verteilt wurden, um inkaische Provinzen zu bilden, folgte die Teilung der Grenze zwischen Urcosuyo und Umasuyo. Beispielsweise wurden zwei Völker, die Canas und Canches, zusammengefaßt und dann gemeinsam entlang der Urcosuyo/Umasuyo-Grenze in zwei Provinzen geteilt. Die Pacajes waren entlang derselben Linie auf zwei Provinzen verteilt. Die Lupacas hingegen gehörten insgesamt ins Urcosuyo.[132]

Die Lupaca-Provinz scheint eine „normale" Provinz gewesen zu sein, das heißt, sie bestand aus einer Bevölkerung, die eine Tributbeziehung mit Cuzco eingegangen war und von den Inka organisiert wurde, um die üblichen Güter herzustellen und die üblichen Dienste zu leisten. Wir haben keine Hinweise darauf, daß die Provinz einem einzelnen Inka oder einem übernatürlichen Wesen gehörte. Es gibt Daten über die Struktur der Lupaca-Provinz zur Zeit der Inka-Herrschaft, aus einer Verwaltungsuntersuchung von 1567.[133] Zwei *huno* (oder Einheiten von 10 000 Haushalten) wurden eingerichtet. Ein einzelner Ort, Chucuito, diente als Zentrum für die Inka, und die Herrscher der Lupacas, die die Arbeitskräfte entsprechend den Forderungen Cuzcos bereitstellen mußten, lebten dort. Einige Haushalte wurden dauerhaft dazu bestimmt, Güter zu produzieren oder Dienste zu leisten, und sie wurden in speziellen Dörfern bei Chucuito angesiedelt.[134]

Das Gebiet der Collas war ebenfalls entlang der Urcosuyo/Umasuyo-Grenze geteilt, aber zumindest ein Teil scheint von den Inka nach anderen Regeln als die Lupaca- und Pacajes-Provinzen behandelt worden zu sein. In dem Gebiet befanden sich zwei kleine Territorien, die dem Dienst für einen einzelnen Inka oder für die Sonne geweiht waren. Eins davon waren die 4500 Haushalte in Azángaro, die Topa Inca gehörten; das andere Gebiet war Arapa, das der Sonne zugeordnet war. Arapa war ein Teil eines größeren Gebietes namens Chiquicache, und es ist möglich, daß ganz Chiquicache der Sonne gehörte.

Es gibt keine Dokumente über den Grund für die Einrichtung dieser Besitzungen. Wenn sie hauptsächlich ökonomischen Zwecken dienten, so können wir annehmen, daß Arapa frostgetrocknete Kartoffeln produzierte, denn in der frühen Kolonialzeit war die Gegend auf deren Herstellung spezialisiert.[135] Während der Kolonialzeit wurde einer der wichtigsten Weidegründe für Alpaka, Umasbamba im Hochland an der Grenze zwischen Peru und Bolivien, von den *curaca* aus Azángaro beherrscht, und die Woll- und Fleischerzeugung könnte auch bei den Inka die Aufgabe dieser Provinz gewesen ein.[136] Eine oder beide Gegenden könnten auch die Arbeitskräfte gestellt haben, die im benachbarten Tiefland von Carabaya Gold wuschen. Die Bewohner von Chiquicache wurden als *mitima* in die östlichen Tiefländer geschickt, um Nahrungsmittel für die Hochland-Provinz zu beschaffen;[137] und ein ähnlicher Zugang zu Gebieten ins Tiefland bestand vermutlich für die Menschen aus Azángaro.

Weil sie einzelnen Personen oder übernatürlichen Wesen dienten, könnten die Bewohner der Provinz *yanacona* gewesen sein, wie jene Menschen, die auf den Ländereien Huayna Capacs in Yucay arbeiteten.[138] Auf dem Land in Yucay lebten zwei *huaranca* (2000 Haushalte), die sowohl *mitima* als auch *yanacona* waren, also von anderswo umgesiedelt waren – in diesem Fall aus dem Chinchaysuyo und dem Collasuyo –, und auf Dauer für den Inka Huayna Capac tätig waren.[139] Wir können Gruppen von *orejones* im Azángaro-Gebiet nachweisen und *mitima* aus der Canas-Region in Chiquicache, aber größtenteils scheinen diese Ländereien von den einheimischen Collas bewohnt worden zu sein.[140]

Im Titicacasee-Gebiet gab es zwei Territorien, die zu *huaca* gehörten. Das eine war Copacabana, wie im vorherigen Kapitel beschrieben. Eine zweite wichtige *huaca* bildete ein großer Sandsteinfels bei Pucara, ein heiliger Platz schon seit mindestens einem Jahrtausend vor den Inka. Die Inka verschönerten den Ort mit Bauten und könnten einen Kult eingerichtet haben, für den wie bei anderen *huaca* Besitz bereitgestellt wurde.[141]

Ein weiterer Provinztyp findet sich am äußersten Nord- bzw. Südrand des Titicacasee-Beckens, in Ayaviri und Paria.

Beide Orte waren Zentren von Provinzen, die von *mitima* bevölkert waren. Informationen, die Cieza de León 1549 vor Ort sammelte, deuten daraufhin, daß beide Provinzen nach einem Feldzug der Inka geschaffen worden waren. Die dort wohnende Bevölkerung wurde vernichtet, und die Gebiete wurden mit Haushalten aus *mitima* neu besiedelt.[142] Paria war ein wichtiges Sammelgebiet für die Inka-Armeen. Menschen aus dem benachbarten Hochland, Charcas, die für die inkaischen Kampagnen in Ekuador rekrutiert wurden, versammelten sich zuerst in ihrer Provinz-Hauptstadt Sacaca. Dann wurden die Soldaten aus Charcas in Paria mit anderen aus der gesamten Region eingezogenen Soldaten vereinigt.[143] Paria lag an der Hauptstraße der Inka. Ayaviri im Norden befand sich ebenfalls an der Hauptstraße und könnte eine ähnliche Funktion gehabt haben. Die Entvölkerung eines Gebietes und seine Neubesiedlung mit *mitima*-Siedlern könnte ein Mittel gewesen, um strategisch wichtige Orte besser zu sichern.

Das inkaische Cochabamba im östlichen Tiefland des Collasuyo (Karte 7) ist ein weiterer Typ einer Inka-Provinz. Cochabamba war als ein Zentrum organisierten Maisanbaus aufgebaut worden. Die meisten der ursprünglichen Bewohner wurden von den Inka in andere Gebiete ausgesiedelt, und Menschen aus den benachbarten Hochländern und aus dem nördlichen Titicacasee-Gebiet wurden von Huayna Capac an ihre Stelle gesetzt.[144] Huayna Capac organisierte auch eine großangelegte Kokaproduktion in Pocona (Karte 7), östlich von Cochabamba, und brachte Siedler aus dem Südteil des Reiches dorthin.[145]

Eine große Zahl von *mitima* wurde auch in Arequipa, im Hinterland der Südküste Perus, angesiedelt, vermutlich um in einer ähnlichen Einrichtung zu arbeiten. Manche von ihnen stammten aus der Canas/Canches-Provinz im Hochland südlich und östlich von Cuzco; einige kamen aus dem Chilques-, Chumbivilcas- und Yanahuaras-Gebiet im Condesuyo südlich Cuzcos; und einige andere aus dem Collaguas-Territorium nördlich von Arequipa.[146] Obwohl es fast sicher ist, daß die *mitima* bei Arequipa für die Inka Mais in großen Mengen

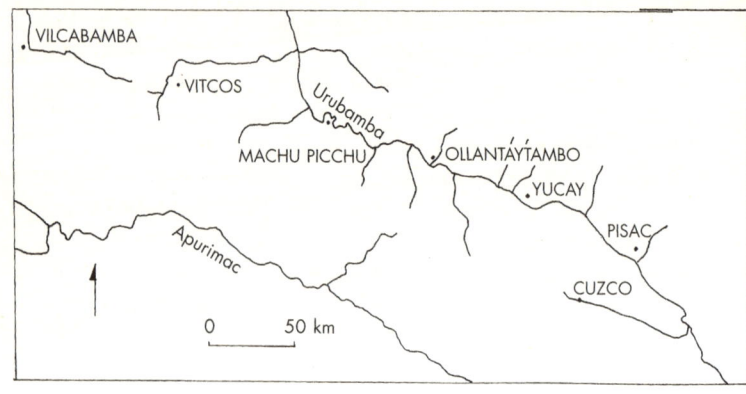

Karte 8: Das Urubamba-Tal (nach Protzen, 1993, Abb. 1.2)

anbauen sollten, könnten auch andere Gründe ihre Umsiedlung veranlaßt haben. Einige Gruppen, wie die Collaguas, scheinen dorthin gebracht worden zu sein, um Mais für ihre Heimat im Hochland zu pflanzen, wie es in den Anden bei Gruppen üblich war, die im Gebirge nahe der Ackerbaugrenze lebten und deren Nahrungsversorgung daher unsicher war. Andere Gruppen wurden nach Arequipa gebracht, um dem Kult des heiligen Berges Putina zu dienen. Ähnliche Kulte wurden für anderen Berggipfel im Raum von Arequipa eingerichtet und von den Inka mit Land, Abhängigen, Frauen und Herden versehen.[147]

Es ist somit offensichtlich, daß es verschiedene Arten von Provinzen gab. Es mochte organisatorische Ähnlichkeiten zwischen ihnen gegeben haben – beispielsweise können bestimmte wirtschaftliche Aktivitäten überall auf ähnliche Weise organisiert worden sein –, aber bestimmte Unterschiede sind erkennbar. Einige Provinzen bildeten sich um städtische Zentren, in anderen wie Cochabamba und die Ländereien der Inka-Herrscher fehlten solche Hauptorte. Zudem unterschieden sich die städtischen Zentren in verschiedenen Typen von Provinzen vielleicht. Beispielweise verfügten Orte wie Paria und Ayaviri vermutlich über Speicheranlagen, um durchziehende

Armeen zu verpflegen, über Personal und Einrichtungen, um Menschengruppen für längere Zeit zu versorgen, und vielleicht auch über einen großen Platz für Versammlungen, im Gegensatz zu Zentren, die keine Sammelpunkte für Truppen waren.[148]

Wenn zu erwarten war, daß sich in einem Zentrum öfters Inka-Adlige aufhielten oder daß dort sogar Angehörige der inkaischen Abstammungsgruppe auf Dauer lebten, so wurde es offenbar ähnlich der inkaischen Hauptstadt angelegt. Inka-Herrscher führten oft persönlich militärische Kampagnen an. Sie nahmen einige der wichtigsten religiösen Bildnisse mit und feierten wichtige inkaische Feste wie *capac raymi* auch außerhalb von Cuzco. *Capac raymi* war eine komplexe Abfolge von Ritualen, die mit der Initiation der Jungen verbunden war und während eines Zeitraums von 23 Tagen stattfand. Zu ihr gehörten Besuche auf den heiligen Bergen bei Cuzco, dem Huanacauri, Añahuarque und Yavira.[149] Ein indianischer Autor, dessen Vorfahren Huayna Capac bei seinen Kämpfen in Ekuador begleitet haben, berichtet, daß der Inka-Herrscher auf dem Weg ins Kampfgebiet *capac raymi* in Vilcas – im mittleren Hochland Perus – und Quito feierte.[150] Wo immer die Initiation der inkaischen Adligen stattfand, mußten bestimmte Charakteristika der heiligen Landschaft neu geschaffen werden, um sie angemessen durchzuführen.

Zentren der Inka konnten aber auch äußerlich sehr unterschiedlich sein, obwohl sie gleichen Zwecken dienten. Ein spanischer Verwaltungsbeamter bemerkte, daß die inkaischen Hauptorte *ceque* wie Cuzco hatten; diese konnten sich auf markante Punkt der lokalen Landschaft beziehen und mußten die Anlage aus Cuzco nicht exakt kopieren.[151] Neben den heiligen Plätzen, die zu Ritualen wie dem *capac raymi* gehörten, lagen auf den *ceque* in Cuzco auch solche Punkte, von denen astronomische Beobachtungen zur Festlegung des Aussaat- und Erntetermins gemacht wurden. Die *ceque* in den Provinzzentren könnten solche örtlichen Beobachtungspunkte festgehalten haben und mußten dann anders ausgerichtet sein als die Linien in Cuzco.[152]

Die Inka organisierten auch die Produktionsaktivitäten jeder Provinz. Beispielsweise wurden Enklaven von Webern und Töpfern in allen Provinzen eingerichtet. Aufgrund dieser Organisation verfügen wir über Informationen zur Einführung einer gemeinsamen Provinzstruktur.

7. Die Dezimalorganisation

Provinzen, einschließlich solcher im Besitz eines Inka-Herrschers oder eines übernatürlichen Wesens, waren auf die Abgabe von Tributen hin organisiert. Wenn ein neues Gebiet annektiert wurde, wurden in großem Umfang Land und beweglicher Besitz eingezogen. Weitere Enteignungen fanden möglicherweise später statt, aber die laufende Verwaltung einer Provinz erforderte meistens nur die Bereitstellung von Arbeitskräften durch die Untertanen, wobei deren Arbeit dann auch zur Produktion von Gütern führte.[153]

Jede Provinz wurde von einem Gouverneur inkaischer Herkunft regiert. Er hatte richterliche Gewalt und konnte jede Art von Strafen, einschließlich körperlicher, festlegen. Der Gouverneur hatte das Recht, Stellvertreter zu ernennen, die *michoc* genannt wurden, und er wurde von Rechnungsführern unterstützt, die *quipocamayo* hießen und Aufzeichnungen auf *quipo* festhielten.[154] In gewissen Abständen kamen andere Inka in die Provinz, um bestimmte Aufgaben zu übernehmen, wie zum Beispiel eine Volkszählung durchzuführen, die Güter in den Speichern zu prüfen oder bei Heiraten vorzustehen.[155]

In einer Provinz, die größtenteils von der autochthonen Bevölkerung bewohnt wurde, wurde eine Verwaltungsstruktur eingeführt, die die Volkszählungen und die Rekrutierung von Menschen für Arbeitsaufgaben erleichterte. Die Posten in dieser Organisation wurden mit Einheimischen besetzt. Die Bevölkerung wurde in Dezimaleinheiten gegliedert, und eine hierarchische Ordnung diente dazu, die Befehlskette festzulegen (Tabelle 4). Die Einführung einer Dezimalstruktur erleichterte die Volkszählungen, die Berechnung des Arbeitsdienstes und die Verteilung von Aufgaben.

Die aufsteigende Hierarchie der Dezimaleinheiten erweckt den Eindruck einer fast utopischen Ordnung, und deshalb ist es von Wissenschaftlern bezweifelt worden, daß diese Organisation außer als Zähleinheit für Zensuszwecke überhaupt einen praktischen Wert hatte. Spanische Verwaltungsdokumente aus einzelnen Provinzen und Aufzeichnungen aus *quipo*, die sie gelegentlich wiedergeben, erlauben uns jedoch zu verstehen, wie das System funktionierte und wann die Dezimaleinteilung angewandt wurde.[156]

Tabelle 4: Dezimaleinheiten von 10 bis 10 000
(Quellen: Falcón 1867, S.464; Santillán 1879, S.17–18)

Name der Einheit	Zahl der Tributpflichtigen
huno	10 000
pisca huaranca	5 000
huaranca	1 000
pisca pachaca	500
pachaca	100
pisca chunca	50
chunca	10

Die Dezimalordnung hielt sich an die vorhandene Bevölkerungsstruktur. Ein Studium der Dezimalgliederung in der Lupaca-Provinz zeigt, daß die ursprüngliche Gliederung der Bevölkerung in Lupaca ein wichtiger Faktor bei der Einführung der Dezimalordnung war. In der Lupaca-Provinz wurden zwei *huno* (20 000 Haushalte) gebildet, aber die *huno* waren unterschiedlich auf die sieben Untergliederungen verteilt, die die vorinkaische Organisation der Lupacas charakterisieren. Unter den Inka konzentrierte sich jede der sieben Untergruppen um einen Ort. Jeder Ort war wie Cuzco in *saya* geteilt (*hanansaya, hurinsaya*). Bei den Tributpflichtigen wurden nach ethnischer Herkunft und wirtschaftlicher Stellung Aymara und Uru unterschieden. In den größeren Orten umfaßte jede *saya* eine *huaranca* tributpflichtige Aymara, und die *saya* scheinen die wichtigste Verwaltungsgliederung gewesen zu sein. Zwei Orte waren kleiner und bestanden insgesamt nur aus einer *huaranca* von tributpflichtigen Aymara. In diesen Fällen bildete also der ganze Ort die Verwaltungseinheit innerhalb der *huno*. Wie wir feststellen, sind die Führer der Dezimalorganisation die Schlüsselpunkte des Systems: Im Fall der Lupaca-Provinz die Führer der *huno* und *huaranca*.[157]

Die beiden *huno* sind vermutlich aus Verwaltungsgründen paarweise gruppiert worden. Jeder *curaca* einer *huno* besaß einen *quipo* mit den Volkszählungsdaten für die gesamte Provinz, der dazu diente, den Zensus des anderen zu überprüfen. In den benachbarten Colla-Provinzen wohnten beispielsweise die Verwalter einer Wirtschaftsenklave in der anderen. Diese Art der Zweiteilung diente als Kontrolle oder förderte Konkurrenz zwischen Produktionsgebieten und scheint von den Inka für diese Zwecke institutionalisiert worden zu sein.[158]

Da das Aufbringen von Arbeitskräften der Hauptzweck der Dezimalordnung war, erleichterte eine Gliederung der Bevölkerung nach den Dezimaleinheiten eine gleichmäßige Verteilung der Arbeitsaufgaben. Überdies lag die Verteilung der Arbeit auf die einzelnen in der Hand der unterworfenen Bevölkerung, und so waren die Menschen dort für Unregelmäßigkeiten verantwortlich.

Die Arbeitszuweisung insgesamt erfolgte durch die Inka und beruhte auf einer Volkszählung. Nachdem eine Bevölkerung in Dezimaleinheiten gegliedert und gezählt worden war, konnte die Arbeitszuteilung in Cuzco oder auch anderswo vorgenommen oder verändert werden. Es gab keine Provinzverwalter oder Beamte für solche Aufgaben außer dem Gouverneur und seinen Vertretern, wie sie oben beschrieben wurden.

Die Zuweisung von Arbeit basierte auf der Dezimaleinteilung der Bevölkerung. Bei der Zuweisung war die Gesamtzahl der Haushalte entscheidend. Eine solche inkaische Arbeitszuteilung ist für die Chupachos (Karte 5) erhalten geblieben (Tabelle 5). Obwohl es insgesamt 4108 Haushalte gab, erfolgte die Zuteilung nach der abgerundeten Dezimalzahl von vier *huaranca*, also 4000 Haushalten. Beispielsweise wurden 400 Haushalte oder 10 Prozent der Gesamtzahl angewiesen, Tapisserie-Webereien herzustellen. 40 Haushalte oder 1 Prozent der Gesamtzahl wurden für die Herstellung von Keramik abgestellt. Von den 108 Haushalten, die über die Gesamtzahl hinausgingen, scheint eine Gruppe von 40 für eine Aufgabe verteilt worden zu sein, und die übrigen 68 wurden für den Dienst an einem *tambo*, einer Raststation an den Inka-Straßen, abgeordnet.

Tabelle 5: Arbeitsdienstverteilung bei den Chupachos
(Quelle: Helmer 1955–57, S.40,41)

Aufgabe	Gesamtzahl	Prozent von 4.000
Bergarbeiter (Goldgewinnung)	120	3
Bergarbeiter (Silbergewinnung)	60	1,5
Bauarbeiter in Cuzco	400	10
Feldarbeiter in Cuzco	400	10
Abhängige (*yanacona*) Huayna Capacs	150	3,75
Wachen für den Körper Topa Incas	150	3,75
Wachen (*yanacona*) für die Waffen Topa Incas	10	0,25
Garnison in Chachapoyas	200	5
Garnison in Quito	200	5
Wachen für den Körper Huayna Capacs	20	0,5
Federarbeiter	120	3
Honigsammler	60	1,5
Weber von feinen Stoffen (*cumpi*)	400	10
Hersteller von Farben (für Textilien)	40	1
Hirten für die Herden der Inka	240	6
Wächter der Maisfelder	40	1
Arbeiter auf *ají*-(Chilepfeffer-)Feldern	40	1
Arbeiter in Salzbergbau (unterschiedlich)	60/50/40	1,5/1,25/1
Anbauer von Koka	60	1,5
Jäger für die inkaischen Hirschjagden	40	1
Sohlenmacher (für Sandalen)	40	1
Holzarbeiter	40	1
Töpfer	40	1
Wachen für den *tambo* von Huánuco	68	1,7
Träger zwischen *tambo*	80	2
Wachen für die Frauen des Inka	40	1
Soldaten und Träger	500	12,5
Arbeiter auf inkaischen Felder	500	12,5
Gesamtzahl	4,108	112,7

Der Gegensatz zwischen dauerhafter und zeitweiliger Arbeit war die wichtigste Unterscheidung beim inkaischen Arbeitstribut. Im Fall der Chupachos waren etwa die Hälfte der Haushalte auf Dauer einer Aufgabe zugewiesen. Ein Vorsteher einer *pachaca*, Martín Carcay, beschreibt die Arbeitszuweisung, die seine *pachaca* betraf, so: „Sie wurden angesiedelt, wo der Inka sie hinschickte, und kamen niemals auf ihr eigenes Land zurück, denn sie blieben als *mitima* an dem Platz, wo sie angesiedelt wurden. Die 50 Tributpflichtigen, die zurückblieben, teilten die Feldarbeit und andere Aufgaben, die ihnen zugewiesen wurden, unter sich auf."[159]

Tributpflichtige, die auf Dauer eine bestimmte Arbeit ausführen mußten, hießen *camayo*. Carcays Aussage und die Liste über die Arbeitszuweisung in Chupachos ermöglichen uns zu verstehen, welche Arten von Status es beim inkaischen Arbeitsdienst gab. Carcay sagt, daß Menschen, die eine bestimmte Arbeit ausführen mußten (also *camayo*), gleichzeitig auch *mitima* sein konnten, wenn sie von den Inka umgesiedelt worden waren. Die Liste enthält überdies vier Einträge zu Menschen, die entweder als Abhängige oder Wachen für die Körper bzw. Waffen zweier Inka-Herrscher eingeteilt worden waren. Nur in zwei Fällen werden diese als *yanacona* bezeichnet, aber wir können diese Benennung auf die übrigen ausdehnen. Diese *yanacona* waren zugleich *camayo*, das heißt, sie arbeiteten auf Dauer in einem bestimmten Bereich, und ihre Nachkommen erbten diese Arbeitsverpflichtung. Sie waren zudem auch *mitima*, denn sie waren von den Inka umgesiedelt worden, um diese Arbeiten zu leisten.[160]

Eine Form des Arbeitsdienstes, die Carcay nicht nennt, ist der der *mitayo*. *Mitayo* waren nicht dauerhaft zugeteilt und können mit jenen Menschen gleichgesetzt werden, die nach Carcays Beschreibung „die Feldarbeit und andere Aufgaben, die ihnen zugewiesen wurden, unter sich aufteilten". Sie dienten als ein Reservoir für relativ unspezialisierte Arbeitsanforderungen.

Seit vielen Jahren wird von Historikern die grundlegende Verpflichtung zum Arbeitsdienst, die unterworfene Gruppen gegenüber den Inka hatten, als die *mita* bezeichnet. Der Begriff *mita* bezeichnet eine Aufgabe, die im Turnus ausgeführt wird, und so ist diese Verpflichtung auch als eine Art Fronarbeit aufgefaßt worden. Man nahm an, daß nur die Arbeit kleiner Personengruppen davon ausgenommen worden sei, das heißt, sie wurden dem allgemeinen Arbeitskräftereservoir entzogen, um als Abhängige in verschiedener Form zu dienen. Damit unterstanden sie nicht länger den politischen Führern ihrer Heimat.[161] Es wurde vermutet, daß die Zahl der so ausgegliederten Menschen im Verlauf der Inka-Geschichte anstieg, so daß mit der Zeit mehr und mehr Menschen den Inka direkt unterstellt waren und dem Verband ihrer Ursprungsgruppen nicht länger angehörten. So gesehen war die historische Entwicklung dieser Gruppe Ausdruck einer größeren Veränderung in der politischen Organisation in den Anden.[162]

Mit Zunahme der Dokumente über die inkaische Provinzverwaltung ist diese Annahme unhaltbar geworden. Die Arbeitsverpflichtung einer Provinz umfaßte Dienste, die zeitweilig geleistet werden mußten, wie auch andere, die dauerhaft verteilt wurden. Die dauerhaft zugewiesenen Arbeiten waren erblich, und wenn eine Familie ausstarb, mußte eine andere Familie aus dem Ursprungsgebiet diese Aufgabe übernehmen. Die Menschen konnten in großer Entfernung von ihrer Heimatprovinz angesiedelt werden und hatten möglicherweise Beziehungen zum Inkastaat, die sich auf ihre Identität auswirkten, aber die Verbindung zu ihrer Heimat blieb erhalten. Die Vorstellung, daß eine zunehmende Zahl von Menschen dauerhaft für Arbeiten abgeordnet wurde, ist eine Annahme, die erst noch der Beweise bedarf.

Mita bezieht sich auf den Turnuscharakter einer Aufgabe und nicht auf eine Kategorie von Diensten. Einige Aufgaben, wie Dienst in einer Garnison oder beim Koka-Anbau, wurden auf Rotationsbasis durchgeführt. Im Fall des Garnisonsdienstes waren alle dafür eingesetzten Menschen *camayo*, die in ihren Dörfern ihre Felder bestellten, während der Dienst in der Festung selbst unter ihnen rotierte (*mita*).[163] Koka wurde dreimal im Jahr geerntet, und die Arbeiter wechselten sich ab, um diese Arbeit auszuführen; da die Arbeiter nicht spezialisiert waren, waren sie *mitayo*.[164] Ein Unterschied zwischen *mita* als einem organisatorischen Prinzip, das die Rotation

einer Arbeitsaufgabe bedeutet, und *mitayo* als nicht-speziali-
sierte Arbeit sollte beachtet werden.

Ein wesentlicher Unterschied in der inkaischen Klassifika-
tion bestand zwischen den *mitayo* und den *camayo*. *Camayo*
waren Menschen, die auf Dauer eine bestimmte Arbeit ausführen mußten. Listen von *camayo* sind von zwei spanischen
Autoren aufgezeichnet worden.[165] Jeder Autor gibt zwei verschiedene Listen von Arbeiten, eine von den *camayo*-Diensten
der Hochland-Provinzen und eine zweite von ähnlichen Diensten an der Küste. Obwohl sie weitgehend übereinstimmen,
gibt es Unterschiede.

Wenn man die obige Liste aus Chupachos mit diesen allgemeinen Aufstellungen vergleicht, so erkennt man eine gene-
relle Ähnlichkeit, aber es gibt auch Unterschiede, die vielleicht
bedeutsam sind. Chupachos war ein Gebiet, das einem einzelnen Inka-Herrscher gehörte, und die Unterschiede gehen wohl
auf diese besondere Stellung zurück. Beispielsweise waren 800
Haushalte – 20 Prozent der gesamten Bevölkerung – zur Arbeit in Cuzco abgeordnet, wo sie „Mauern errichteten" oder
die Bauarbeiter mit Nahrungsmitteln versorgten.[166] Wenn,
wie der oberste *curaca* von Chupachos aussagte, die Provinz
dem Inka-Herrscher Huascar unterstand, war diese große
Gruppe vielleicht rekrutiert worden, um Paläste für diesen
Inka zu bauen. Es könnte auch andere Arbeitszuweisungen
geben, die mit diesem besonderen Status der Chupachos zu-
sammenhängen. Trotzdem scheint es, als wäre die Wirtschaftsorganisation ähnlich gewesen wie die anderer Provinzen.

Im Hinblick auf die Arbeitszuteilung gab es einen wichtigen
Unterschied zwischen den Provinzen. „Normale" Provinzen
wurde eingerichtet, um Arbeitskräfte zu stellen; deren Rekru-
tierung war der wichtigste Zweck der Dezimalorganisation.
„Besondere" Provinzen – beispielsweise solche, die einer Person
oder einem übernatürlichen Wesen gehörten wie Chupachos,
Parinacochas, Azángaro und Achambi – konnten zu besonde-
ren Arbeitsleistungen für ihren Besitzer herangezogen werden.
Sie waren allerdings so strukturiert, daß sie auch dieselben
Güter und Dienste wie „normale" Provinzen hervorbrachten.

Die oben beschriebenen Provinzen könnte man auch als „Basis-Provinzen" bezeichnen, das heißt, sie hatten eine Bevölkerungsbasis, aus der Haushalte für Arbeit – wo auch immer benötigt – abgezogen werden konnten. Daneben gab es andere, meistens kleinere Einheiten, die ein bestimmtes Gebiet umfaßten und somit „Provinzen" waren. Aber sie waren nicht für die Rekrutierung von Arbeitskräften eingerichtet, sondern bezogen diese vielmehr selbst aus den „Basis-Provinzen". Zur Abgrenzung kann man diese „zusammengesetzte Provinzen" nennen, da sie entstanden, indem man Menschen aus Basis-Bevölkerungen anderswo zusammenzog.

Eine solche Provinz war Copacabana, die von den Inka für den Kult Titicacas eingerichtet worden war. Die gesamte Copacabana-Halbinsel wurde mit *mitima* besiedelt, die aus 42 verschiedenen Gebieten zusammengezogen worden waren (Karte 7). Wenn diese Menschen *camayo* waren, wie es scheint, so mußten sie bei Absinken ihrer Zahl aus ihrer Heimat ersetzt werden und wurden deshalb noch zusammen mit ihrer Heimatprovinz erfaßt. Die Bewohner der Provinzen Ayaviri und Paria, die ebenfalls aus *mitima*-Siedlern bestanden, könnten ähnliche Verbindungen zu ihren Herkunftsgebieten gehabt haben.

Cochabamba war ebenfalls eine „zusammengesetzte" Provinz (Karte 7). Dorthin brachte Huayna Capac Gemeinschaften aus *mitima* des Collasuyo-Gebiets, um in dem Tal in großem Maßstab Mais anzubauen. Als *camayo* waren sie über die Dezimalorganisation ihrer Herkunftsprovinz rekrutiert worden und wurden von dort ersetzt, sollte ihre Familie sich nicht fortpflanzen. Die Bindung an ihre Herkunftsprovinz war noch deutlich zu erkennen, da zur Erntezeit Menschen aus ihren Provinzen als *mitayo* herangezogen wurden, die nach Cochabamba gingen, dort Mais ernteten und ihn möglicherweise auch zu einem bestimmten Punkt transportierten. Die *camayo* hatten daneben kleine Felder, auf denen sie Nahrung für ihren eigenen Haushalt anbauten. Die Anbaufrüchte, die sie in Gemeinschaft produzierten, waren für andere bestimmt.

Die *mitima* in Cochabamba kamen aus verschiedenen Provinzen: Carangas, Quillacas, Soras, Lupacas, Pacajes und zwei Gruppen der Collas. Wir haben einige Kenntnisse über die *huno*-Organisation: Die *huno*, die Cochabamba einschloß, bestand aus den Charcas wie auch aus anderen Gruppen von *mitima*.[167] Die *mitima*, die oben aufgelistet wurden, waren jedoch keine Charcas und gehörten nicht zu dieser *huno*, sondern kamen von anderswo im Collasuyo. Menschen aus Charcas scheinen nicht an dem Maisanbauprojekt beteiligt gewesen zu sein, soweit es sich aus den heute zur Verfügung stehenden Quellen ermitteln läßt. Das Cochabamba-Tal bildete also eine kleine zusammengesetzte Provinz auf dem Gebiet der Charcas-*huno*.

Im Osten von Cochabamba, in Pocona, gab es eine weitere Provinz, die auf eine bestimmte Produktion spezialisiert war, in diesem Fall auf die von Kokablättern (Karte 7). Koka wurde in den Tälern des Tieflands nördlich von Pocona angebaut. *Mitayo*, die aus Pocona, aber auch Sacaca und anderen Hochlandgebieten kamen, wurden ausgeschickt, die Koka zu ernten und auf ihrem Rücken zu einem Abgabepunkt im Hochland zu tragen. Pocona stellte auch die *camayo*, die auf Dauer abgeordnet waren, um die Materialien für die Verpackung der Koka zu sammeln und sie für den Transport vorzubereiten, und die in den Tälern des Tieflands, wo die Koka wuchs, lebten. Die Nahrungsmittelproduktion fand nicht in diesen Tälern statt, und die von den *mitayo* und vielleicht auch den *camayo* konsumierten Lebensmittel wurden anderswo angebaut.[168]

Ein größerer Teil der Bevölkerung in Pocona bestand gänzlich aus *mitima*. Ihre wichtigsten *curaca* stammten aus Condes (im Condesuyo), Chinchaysuyo und Collasuyo. Vielleicht standen sie heterogenen Gruppen von Menschen vor, die aus den Provinzen dieser drei der vier *suyo* des Inkareiches stammten. Da die Bezeichnungen für die *suyo* aber auch für die Untergliederung der Cuzco-Provinz selbst verwendet wurden – die gänzlich oder zumindest größtenteils von *orejones* bewohnt wurde –, kamen manche dieser Menschen vielleicht aus der Gegend von Cuzco. Die zweite wichtige Bevölkerungsgruppe in Pocona waren die Chuyes, von denen es hieß, sie seien aus dem Cochabamba-Tal in die Provinz Pocona gebracht worden.[169] Weiter wurden Menschen aus den südlich gelegenen Charcas-Provinzen in die Täler zum Koka-Anbau geschickt, und weitere Gruppen, wie zum Beispiel die Yamparáes aus dem Gebiet des heutigen Sucre, scheinen auch Bestandteil des Projektes gewesen zu sein, da sie in der frühen Kolonialzeit noch an der Koka-Produktion in diesen Tälern beteiligt waren.

Huayna Capac organisierte die Produktion in Pocona wie auch Cochabamba um, obwohl er in beiden Fällen eine Organisation, die sein Vater geschaffen hatte, vorfand. Sarmiento erwähnt einen einzigen Besuch Huayna Capacs in der Region, wobei er feststellt, daß der Inka in Cochabamba wegen der Fruchtbarkeit des Landes eine große Zahl von *mitima* angesiedelt habe; außerdem habe er Pocona neu organisiert und dort eine Festung wiederaufgebaut, die sein Vater angelegt hatte.[170] Da seine Reformen in Cochabamba die Umsiedlung von Bevölkerung in Pocona und Cochabamba umfaßte, waren die beiden Projekte nicht voneinander zu trennen, sondern Teil einer einzigen Neuorganisation der Verwaltung.

Es fällt auf, daß sie dennoch recht verschieden sind. Pocona, das in Teilen aus *mitima* bestand, die weit von ihren Heimatprovinzen angesiedelt wurden, diente als Bevölkerungsreservoir, von dem die Arbeitskräfte für die Koka-Produktion in den nahegelegenen Tiefländern geschickt wurden. Die Rekrutierung erfolgte also in zwei Stufen. Im Fall von Cochabamba beschränkte sie sich auf eine Stufe: Die Arbeitskräfte wurden aus der Ursprungsprovinz eingezogen und direkt eingesetzt.

Die Unterschiede in der Organisation mögen auf den Unterschieden zwischen den Anbaupflanzen Mais und Koka beruhen. Im Fall der Koka scheint die Bevölkerung in Pocona nicht nur die Erntearbeiter, sondern auch den Unterhalt für die in den Tälern niedergelassenen *camayo* geliefert zu haben. Die Anwesenheit in zwei verschiedenen Anbaugebieten war notwendig, und eine enge Nachbarschaft zwischen diesen erwies sich als günstig. Von der Koka heißt es, sie sei ein Monopol der Inka gewesen. Die Heranziehung von Menschen von außerhalb, um Koka anzubauen und ihre Aufbewahrung und ihren Transport durchzuführen, könnte auch die nötige Kontrolle gewährleistet haben, um das Monopol durchzusetzen.

Ein weiterer Faktor sollte bedacht werden. Huayna Capac ist für den Maisanbau in Cochabamba verantwortlich, aber wir wissen nicht, ob er oder sein Vater den Kokaanbau in Pocona eingerichtet hat. Wenn Topa Inca damit begonnen hat, dann können wir den Kokaanbau in Pocona vielleicht mit einem Projekt vergleichen, das dieser Inka-Herrscher in Chupachos organisiert hat. Dort wurden vier *pachaca* von *mitima* eingezogen, um die inkaischen Garnisonen zu besetzen. Zwei stammten aus der Provinz der Quechuas, unmittelbar nördlich von Cuzco, und zwei bestanden aus *orejones* der Provinz von Cuzco. Diese Menschen wurden in den Hochland-Gemeinden in Chupachos angesiedelt, wo sie für ihren eigenen Unterhalt Ackerbau betrieben sowie auch für den Unterhalt derjenigen unter ihnen sorgten, die auf rotierender Basis eingezogen wurden, um in den Garnisonen im Tiefland weiter östlich zu dienen. Die Besatzungen in den Garnisonen bauten nicht ihre eigene Nahrung an, sondern beschäftigten sich damit, Waffen herzustellen. Die *mitima* im Hochland der Chupachos hatten überdies Zugang zu hochgelegenen Weidegründen für Herden wie auch zu Koka-Feldern auf niedrigeren Höhenlagen. Der Dienst in den Garnisonen war somit nicht unzumutbar hart, da dafür gesorgt war, daß die umgesiedelten Menschen sich mit allem Notwendigen versorgen konnten.[171]

Eine ähnliche Rekrutierung von Menschen aus der Nähe Cuzcos ebenso wie eine *mitima*-Bevölkerung als Zwischenstation für die Rekrutierung von Arbeitern für benachbarte Tieflandgebiete finden sich offenbar in Pocona. Die Art, wie das Projekt in Pocona organisiert war, deutet darauf, daß sein Schöpfer Topa Inca war. Vielleicht wurde die Organisation in

Pocona und Chupachos aber auch von Sicherheitsinteressen in einem Grenzgebiet bestimmt, da die Täler am Rande des von den Inka kontrollierten Gebietes lagen.

Im Fall von Pocona gibt es jedoch noch andere Hinweise darauf, daß das Projekt auf Topa Inca zurückging: Neben den in Pocona angesiedelten *mitima* waren die Chuyes, Charcas und Yamparáes an der Koka-Produktion in den Tälern beteiligt. Diese Gruppen waren von Topa Inca besiegt worden, nachdem sie sich in der Festung Oroncota am Fluß Pilcomayo südlich von Sucre eingeschlossen hatten, ein bemerkenswerter Fall von Widerstand gegen die Inka. Außer den *mitima* waren nur diese Gruppen an der Koka-Produktion für die Inka beteiligt. Andere Gruppen, die in gleicher Entfernung lebten, wie beispielsweise die Carangas, waren ausgeschlossen. Die Zusammensetzung der herangezogenen Gruppen ist ein Hinweis darauf, daß ihre Beteiligung an dem Projekt in Pocona auf Topa Inca zurückgeht.[172]

Das Projekt in Cochabamba sollte mit der Organisation der Maisproduktion auf den Ländereien Huayna Capacs in Yucay verglichen werden (Karte 8). Zweitausend *camayo*, jeweils tausend aus Collasuyo und Chinchaysuyo, wurden im Urubamba-Tal nahe dem heutigen Yucay angesiedelt. Sie bauten dort Mais an und Koka in den tieferliegenden Tälern Tono und Avisca. Die Kokablätter, heißt es, waren dreimal mehr wert als alle anderen und für den Verbrauch in Huayna Capacs Haushalt bestimmt. Huayna Capac ließ in Yucay Häuser bauen und ein kleines Tal für Erholungszwecke einrichten.[173]

Betrachtet man also Yucay und Cochabamba, so wurden die *camayo* für den Maisanbau aus großer Entfernung herangebracht und sorgten für ihre Bedürfnisse aus Feldern nahe jenen, die sie für die Inka bestellten. Es gab keine „Basis"-Bevölkerung dazwischen, von der Menschen eingezogen wurden, um die Anbauprojekte zu betreiben. In keinem dieser Fälle scheinen Sicherheitsaspekte wichtig gewesen zu sein. Allerdings war eine Einrichtung geschaffen worden, um Mais in großem Maßstab zu produzieren, und die andere, um eine kleinere Menge für die *panaca* Huayna Capacs anzubauen.

Man beginnt also zu verstehen, wie die Inka die Produktion für verschiedene Zwecke organisierten. Der Zeitpunkt und der persönliche Stil einzelner Herrscher waren ebenso wie die Ansprüche unterschiedlicher Anbaupflanzen oder die Lokalisation des Projekts wichtige Faktoren. Im Fall der Gemeinschaften, die die Güter produzierten, müssen wir noch weiter untersuchen, wie ihre Produkte verteilt und von wem sie letztlich verbraucht wurden. Selbst im Fall von Dienstleistungen, wo der Empfänger eindeutig zu sein scheint, wie der Staat beim Militärdienst, haben wir noch keine Vorstellung von dem ideologischen Rahmen, der solche Dienste erklärte und rechtfertigte. Was man findet, sind einzelne Aspekte der Wirtschaftsorganisation, die die Inka einführten. Die Quellen erlauben uns, einzelne Fälle zu untersuchen, und diese Teilsicht auf das Ganze läßt uns vermuten, daß die Inka Wirtschaftsaktivitäten in großem Maßstab umorganisierten und dabei große Menschenmengen bewegten. Wenn an einem neuen Wohnort Anbau möglich und wünschenswert war, so erhielten die Haushalte Land für ihre eigene Grundversorgung. In Chupachos erfaßte die Arbeitszuweisung der Inka alle Haushalte in der Provinz. Die Heranziehung von Menschen aus allen Untereinheiten der Chupachos führte zur Bildung zahlreicher neuer Gemeinschaften, deren Angehörige von überall in der Provinz stammten. Eine umfassende Umorganisation der gesamten Wirtschaft in der Provinz war die Folge.

Trifft dies zu, so waren die Inka bis zu einem gewissen Grad für die Rationalisierung des Wirtschaftsleben auf lokaler Ebene verantwortlich. Sie hatten dafür Anlaß und Fähigkeiten, und die vorhandenen Belege stützen die Hypothese, daß die Inka eine von ihnen entworfene Ordnung in ihrem Herrschaftsgebiet verbreiteten.

8. Schöpfung und Ordnung

Während unser Verständnis für die Wirtschaft der Inka in den Provinzen in den letzten Jahren erheblich gewachsen ist, fehlt uns oftmals noch der Zugang zu dem gedanklichen Hintergrund der Eroberungen. Für einige Autoren ist Ideologie das, was die Elite eines Reiches ihren Untertanen aufzuzwingen versucht, als ein Mittel, um ihre Unterordnung zu erreichen. Sie wird hauptsächlich als ein Werkzeug angesehen, um Anhänger zu gewinnen, wobei angenommen wird, daß sie zugleich auch das Glaubenssystem der Elite selbst ist. Aber Glaube leitet nicht nur Handlungen, sondern ist selbst eine wirksame Kraft. In dieser Untersuchung war es unser Interesse, aufgrund der Quellen, die auf historischen Traditionen der Inka beruhen, den Prozeß der Expansion zu verstehen wie auch den gedanklichen Rahmen, in den er eingebettet war. Wir haben die Frage angesprochen, wie eine kleine Gruppe, die ursprünglich nur auf lokaler Ebene eine Macht darstellte, einen Plan zur Beherrschung und Organisation großer Gebiete des Andenraums entwickelte und warum sie das tat.

Das Quellenmaterial zeigt, daß die Inka eine aktive Rolle bei der Reorganisation des von ihnen beherrschten Gebietes spielten und eine von ihnen entworfene neue Ordnung einführten. Sie waren zudem in der Lage, ihre Beziehungen zu anderen andinen Gruppen und zur übernatürlichen Welt neu zu definieren.

Unsere Versuche, diese vergangene Welt zu rekonstruieren, bleiben unvollkommen. Wenn von den Spaniern Menschen, die zur Zeit der spanischen Eroberung Erwachsene waren, befragt wurden oder wenn Informationen aus inkaischer historischer Überlieferung gezogen wurden, so enthielten diese Quellen auch Einzelheiten darüber, wie die Inka ihren Platz im Universum sahen. Wegen des Verlustes ihrer Autonomie nach der Gefangennahme Atahuallpas hatte sich die Sicht ihrer eigenen vorspanischen Vergangenheit verändert, um – fast unmerklich – der geschichtlichen Entwicklung unter den

Spaniern einen Platz einzuräumen. Wie am Beginn festgestellt, sind die Stimmen der Menschen in den Anden auch durch die Übersetzung ins Spanische verändert worden. Doch selbst angesichts dieser Mängel finden sich in den vorhandenen Quellen noch Spuren der inkaischen Sicht.

Durch den glücklichen Sieg der Inka über die Chancas und den Sieg über eine zweite, noch wichtigere politische Macht im Titicacasee-Gebiet entwickelte sich in den Anden ein Reich. Cuzco wurde neu aufgebaut und neu organisiert; die Beziehungen zwischen den Inka und dem mächtigsten übernatürlichen Wesen im südlichen Andenhochland wurden durch Monumentalbauten in Cuzco und anderswo dargestellt; und Institutionen für ständige Kriegsführung, die Verwaltung weit entfernter Gebiete und die Erziehung der Elite wurden entwickelt.

Als die Spanier ankamen, beschrieben sie eine Ordnung, die die Inka aufgebaut hatten. Heute, 500 Jahre danach, ist das wenige, was wir über die inkaische Vergangenheit erfahren können, in jenen Berichten enthalten. Für das weitere Studium der Inka gibt es verschiedene Ansatzpunkte. Da sind zum Beispiel die Darstellungen lokaler religiöser Praktiken aus den Kampagnen zur Christianisierung der andinen Völker im 17. Jahrhundert, die uns erlauben könnten, das inkaische Glaubenssystem vor der Expansion besser zu verstehen. Ahnenkult, wie er in diesen Berichten beschrieben wird, ist in den Anden weit verbreitet gewesen. Die Zeremonien für die verstorbenen Herrscher in Cuzco können sehr wohl aus allgemein-andinen Praktiken entwickelt worden sein, denn Sarmiento erzählt uns, daß Pachacuti den inkaischen Ahnenkult neu organisierte. Noch im 17. Jahrhundert wurden einige dieser Kulte betrieben.[174] Aber ob die Kulte schon immer über Ressourcen für regelmäßige Opfergaben verfügten oder ob dieser Reichtum auf eine Neuerung durch die Inka zurückging, ist ungewiß. Die Untersuchung allgemeiner andiner Praktiken könnte die Forschung in jene Periode der inkaischen Geschichte führen, die durch Dokumente zu den Inka selbst unzugänglich ist.

Dieses Bild, wenn auch unvollständig, gibt uns eine bessere Grundlage für die Interpretation der materiellen Überreste

Cuzcos. Diese Untersuchung hat sich bisher fast ausschließlich mit schriftlichen Zeugnissen beschäftigt, doch auch die materiellen Überreste der Inka sind herausragende Belege für ihre imperialen Ziele. Objekte aus Ton, Textilien und Bauwerke dienten zu symbolischer Kommunikation.

Bei einigen Gruppen von Erzeugnissen, wie der Keramik und den Textilien, ist ein hohes Maß an Standardisierung zu erkennen. Motive und ihre Anordnung werden aus einem begrenzten Repertoire von geometrischen Mustern gewählt. Frühere Kunststile, wie zum Beispiel auf den Tongefäßen der peruanischen Moche- und Nazca-Kulturen, bevorzugten Darstellungen aus der natürlichen Umwelt, doch das Interesse an naturalistischen Abbildungen war zur Zeit des Inkareiches geringer geworden. Wegen der Vergänglichkeit ihres Materials sind weniger Textilien als Keramiken erhalten geblieben. Als weitere Kunstform gab es eine Reihe von Porträts der Inka-Herrscher auf bemalten Holztafeln, die angefertigt wurden, um sie im kleinen Kreis zu betrachten. Es könnte auch Abbildungen auf Stoffen für eine ähnliche Verwendung innerhalb der Dynastie gegeben haben, doch waren diese Darstellungen

Abb. 4: Inkaisches Männerhemd im Karo-Muster (California Academy of Sciences)

LA PRIMERA HISTORIA DE LAS REINAS CO
MAMA VACO COIA

Abb. 5: Mama Huaco Coya,
die erste Inka-Königin.
Bemerkenswert sind die
Nadeln an Kleid und Schal
(Guaman Poma de Ayala,
1936, S. 120)

selten, und keine ist erhalten geblieben. Unter den erhaltenen
Überresten finden sich nur wenige erkennbare Darstellungen
von Menschen, Pflanzen oder Tieren.

Eine Anzahl von inkaischen Männerhemden, die *uncu* hießen, kann man in Museumssammlungen besichtigen (Abb. 4).
Diese Hemden wurden in Tapisserie-Technik aus Alpakawolle
oder Baumwollfasern gewebt. Aufgrund der Feinheit der We-
berei waren es leichte, weich fallende Kleidungsstücke. Besonders auffällig ist bei den erhaltenen Hemden, daß die meisten in vier standardisierten Mustern gewebt wurden. Die
Hemden wurden überdies in einer einheitlichen Größe herge-
stellt, mit Ausnahme von zwei kleineren Exemplaren, die als
Kleidung für junge Männer oder für *huaca* gedient haben
könnten.[175] Männer trugen über den Hemden einen langen
Umhang, der auf der Brust verknotet wurde. Die Frauenkleidung ist schwerer zu untersuchen, da sie nicht zu erkennbaren
Kleidungsstücken zusammengenäht wurde. Statt dessen wur-

de ein großes Stoffviereck um den Körper geschlungen, dessen obere Ränder auf den Schultern zusammengesteckt wurden. Das röhrenförmige Kleidungsstück wurde dann durch einen um die Hüften gewickelten Gürtel zusammengehalten (Abb. 5). Ein kleineres, quadratisches Tuch wurde über den Schultern getragen und vorne mit einer Nadel zusammengesteckt.

Wegen der nur einzeln erhaltenen Stücke gibt es keine kompletten Sätze Männer- oder Frauenkleidung. Es gibt aber Angaben darüber, welche Kostüme bei verschiedenen Ritualen in Cuzco getragen wurden, und diese deuten daraufhin, daß es bestimmte standardisierte Kleidungsstile gab. Zu solchen Kleidungsstilen gehörten auch Schmuck und andere Verzierungen wie die schon erwähnten Nadeln aus Gold oder Silber bei den Frauen, goldene Ohrpflöcke für die Männer, bestimmte Formen von Kopfschmuck, Frisuren und Gesichtsbemalung. Kleidung war bei den Inka wie in anderen Regionen der Welt eine wesentliche künstlerische Ausdrucksform.

Die Keramik war ebenfalls standardisiert. Zwei Stilarten sind sehr leicht zu identifizieren, selbst wenn von ihnen nur eine kleine Scherbe eines weit größeren Gefäßes gefunden wird. Einer besteht aus einem Bandmuster, das „Farnmuster" genannt wird, Linien, die schräg von einer schwarzen Linie ausgehen, und auf den natürlichen orangefarbenen Grund des gebrannten Tons gemalt wurden (Abb. 6). Dieses Bandmuster, kombiniert mit anderen, wird als Stil A bezeichnet. Stil A

Abb. 6: Inkaische Keramiken aus einem Grab in Sacsahuaman (University of Cuzco Museum). Links: Schüssel in Stil A (muc 1/15151). Mitte: Schüssel im Stil B (muc 1/1524). Rechts: Schüssel im Stil A (muc 1/15424)

Abb. 7: Inkaische Keramiken aus Copacabana
(American Museum of Natural History).
Links: Schüssel im Stil Urcosuyo Polychrome (AMNH 5700).
Rechts: Schüssel im Stil Urcosuyo Polychrome (AMNH 5701)

wurde auf unterschiedlichen Gefäßtypen verwendet, auf Töp-
fen und Flaschen verschiedener Größe, flachen und konvexen
Tellern und tiefen Schalen mit geraden Wänden. Ein anderer
Stil bestand aus Bändern hängender Dreiecke, die schwarz auf
einem tief-purpurfarbenen Hintergrund gezeichnet wurden
(Abb. 6). Diese Bänder, in Verbindung mit anderen Muster-
bändern, bildeten den Dekorationsstil B. Stil B findet sich auf
den gleichen Gefäßtypen wie Stil A. Es gibt Stilvarianten, eine
davon eine sehr ausgeprägte Form des Stils B, die Urcusuyo
Polychrome genannt wird und zusätzliche Farben und ein Repertoire sehr komplizierter Bänder verwendet (Abb. 7). Andere Inka-Gefäße haben von diesen Stilen verschiedene Muster
und gehören offenbar nicht zu den Gefäßsätzen, die in einem
der standardisierten Stile verziert wurden.[176]
Wir wissen nicht, wozu die Gefäßsätze verwendet wurden,
die in einem der normierten Stile verziert wurden, da die meisten vollständig erhaltenen Gefäße aus Gräbern stammen,
aber die Gefäßformen deuten daraufhin, daß sie zum Servie-
ren von Essen dienten. Es gab öffentliche Anlässe, bei denen
von zu Hause mitgebrachtes Essen serviert wurde. Während
Angehörige der inkaischen Abstammungsgruppen möglicherweise nur Eßgeschirr aus Gold und Silber benutzten, konnten

die anderen Inka und selbst Nicht-Inka bei diesen Gelegenheiten ihre kostbar dekorierte Keramik zu Schau stellen.[177]

Die Muster auf Keramik oder Kleidungsstücken gingen auf eine komplizierte Wechselbeziehung zwischen Herstellern und Verbrauchern zurück. Eine eklektische Mischung aus Stilen entstand, mit einigen erkennbaren Modetrends. Während sich zeitliche Veränderungen und eine gewisse mechanische Zusammenstellung in den mit der Dynastie verbundenen Objekten zeigen, gibt es auch deutliche Hinweise auf andere Kräfte bei der Entstehung dieser Stile. Besonders bei der Keramik, wo sich der imperiale Stil offenbar nicht allmählich aus Vorläufern in der Gegend von Cuzco entwickelt hat, können wir die Hand von einzelnen Künstlern oder Künstlergruppen erkennen. Stil A und B sind komplexe und bewußte Kompositionen, die einer Reihe von Regeln folgen, die ihren Ursprung in den kreativen Bemühungen eines oder mehrerer Menschen haben. Es sieht aus, als ob jemand einen geschickten Handwerker ausgewählt und ihn gebeten hätte, einen Stil zu ent-

Abb. 8: Nordwestliche Mauer der Halle E, Coricancha

Abb. 9: Torbogen aus weißem Granit nahe Rundbau in Machu Picchu

wickeln, der den späteren Betrachtern ein Gefühl von Ordnung vermittelt. Wir wissen weniger über den Ursprung der Textilmuster, aber die Ergebnisse vermitteln eine ähnliche Botschaft wie die Keramik.

Eine andere Botschaft sprechen die inkaischen Steinbauten. Die Inka hinterließen einen Bestand an monumentalen Steinbauwerken, der ihre Sicht von sich selbst und ihrer Rolle in der andinen Welt wiedergibt. Architektonische Formen bilden ein wichtiges Medium, diese Sicht auszudrücken.[178]

Die Inka bauten mit fein eingepaßtem Steinmauerwerk (Abb. 8 und 9) aus einer großen Zahl von Gesteinsarten (Basalt, Kalkstein, rotem Rhyolith, grünem Porphyr, Granit und anderen). Sie benutzten in wichtigen Gebäuden allerdings auch Adobe (Lehmziegel), und Mauern aus einfachen Mauerwerk konnten verputzt und bemalt werden, weshalb man Bauten aus anderen Materialien nicht für unbedeutend halten sollte.

Dennoch werden wir uns Steinmauerwerk und natürlichen Felsbildungen zuwenden, da sich in ihnen wichtige Aspekte inkaischer Glaubensvorstellungen darstellen.

Feines Steinmauerwerk wurde in freistehenden Gebäuden und bei Mauern benutzt. Viele Bauten in Cuzco bestanden daraus. Die Stadt wurde jedoch seit der spanischen Eroberung ständig bewohnt und umfangreiche Neubauten wurden vorgenommen, so daß die inkaische Stadt weitgehend verschwunden ist. Inka-Bauten mit genau eingepaßtem gereihten Steinmauerwerk finden sich auch im Cuzco- und Urubamba-Tal zwischen Pisac und Machu Picchu verwendet (Karte 8). Obwohl Steinmauerwerk auch in den Provinzen vorkam, sind diese Täler eindeutig das Entwicklungsfeld für den inkaischen Architekturstil.[178]

Steinmauerwerk im Inka-Stil wurde häufig zum Bau rechteckiger Gebäude verwendet, aber es diente auch als Dekoration, um natürliche Felsbildungen abzuwandeln, die entweder Teile von Gebäuden waren oder einzeln standen. Diese natürlichen Felsen wurden oft in bestimmter Funktion in Gebäude

Abb. 10: Mauer aus schwarzem Basalt auf natürlichem Fundament
im Sektor von Intihuatana, Pisac

Abb. 11: Natürliches Fundament und Mauern aus weißem Granit
im Sektor von Intihuatana, Machu Picchu

eingefügt, beispielsweise als Fundamente und untere Mauer-abschnitte (Abb. 10 und 11). Es lassen sich also Wechselbe-ziehungen zwischen „natürlicher" und „gebauter" Umwelt fest-stellen.[179]

Einige Orte in den Tälern von Cuzco und Urubamba schei-nen errichtet worden zu sein, um Felsbildungen zu nutzen. Solche Felsen finden sich oft auf steilen Graten, so daß die Lage der Orte an sich beeindruckend ist. Solche Plätze sind Beispiele für die einfallsreiche Nutzung von natürlichem Steinvorkommen und Steinbearbeitung von hoher Qualität. In Machu Picchu wurde überall der einheimische weiße Granit in den Fundamenten und Mauern der Gebäude verbaut, und man findet die bildhauerische Bearbeitung von natürlichen Felsen (Abb. 11). Weißer Granit könnte als besonders anspre-chendes Material geschätzt worden sein, denn andere Orte in derselben Gegend zeigen das gleiche Interesse der inkaischen Baumeister an diesem Stein.[180] In Pisac im Urubamba-Tal inspirierte ein Vorkommen feinkörnigen Basalts die Inka-Baumeister zu sehr fein bearbeiteten Steinbauten (Abb. 10, 13).

Im Cuzco-Tal selbst war das beste vorhandene Gestein Kalkstein. An verschiedenen Orten im Callachaca-Gebiet und oberhalb Cuzcos waren Kalkstein-Felsen der Mittelpunkt von Gebäudekomplexen. Höhlen und die Vorderseiten von Klippen wurden mit Reihen von Steinmauerwerk reich verziert oder wurden bearbeitet, um inkaischen Architekturformen zu ähneln.[181] In den meisten Fällen scheinen funktionale Erwägungen minimal oder überhaupt nicht vorhanden gewesen zu sein.

Einige dieser Orte sind als das Eigentum bestimmter Personen identifiziert worden. Wissenschaftler, die sich mit Architektur-Stilen beschäftigen, haben angefangen, deren Entwicklung zu rekonstruieren. Sie konnten mit Hilfe von Dokumenten, die bestimmte Ländereien bestimmten Herrschern zuordnen (da diese Ländereien von deren *panaca* geerbt wurden, konnten die Besitzverhältnisse in der spanischen Kolonialzeit untersucht werden), diese Stilentwicklung mit bestimmten Perioden der Dynastie verbinden. Stilistische Regeln bei Bauten, die mit Pachacuti verbunden waren, unterscheiden sich von denen der Gebäude, die für Huayna Capac oder in den ersten Jahren der spanischen Kolonialzeit gebaut wurden.[182]

Die Orte mit der beeindruckendsten Verwendung von feinem Naturstein, Machu Picchu und Pisac (Abb. 12, 13), gehörten Pachacuti.[183] Historische Überlieferungen der Inka, die Grundlage für die Bücher von Betanzos und Sarmiento, erzählen uns von der Erneuerung Cuzcos während seiner Herrschaft. Die Neuorganisation der Landwirtschaft im Cuzco-Tal ist in diesen Berichten ebenfalls klar beschrieben, aber die Umwandlung von natürlichen Merkmalen der Landschaft für anscheinend ästhetische Zwecke wird nicht erwähnt. Bauprojekte wie die Errichtung von Kanälen und Ackerbauterrassen waren auch Veränderungen der natürlichen Umwelt, aber diese Arten von Projekten lassen sich nur schwer als Ausdruck der inkaischen Weltsicht interpretieren, außer man sieht sie als Teil eines Programms, bei dem die natürliche Umwelt in solchem Maße neu geordnet wurde, daß selbst natürlichen Felsbildungen eine bestimmte Ästhetik auferlegt wurde.

Abb. 12: Machu Picchu mit dem Berg Huayna-Picchu im Hintergrund

Die natürliche Umwelt neu zu ordnen – sie tatsächlich umzu-
formen – könnte hinter dem inkaischen Interesse an natürlichen Steinvorkommen gestanden haben, aber noch besser
kann diese Aktivität aus den schriftlichen Quellen interpretiert
werden. Viele Einzelheiten der andinen Landschaft, besonders
im Raum von Cuzco, waren den Inka heilig. Viele der Plätze,
die in und um Cuzco als *huaca* genannt werden, waren Steine
verschiedenen Typs, einige davon vermutlich zutageliegende
Felsen. Achtung und Furcht waren die Reaktionen gewöhn-
licher Menschen auf Objekte mit übernatürlicher Macht. Wenn

Abb. 13: Die Terrassen von Pisac

die Inka die Umrisse natürlicher Steine bearbeiteten, damit sie inkaischen Architekturformen ähnelten, so sagten sie etwas aus über ihre eigene Position in der natürlichen Welt als Schöpfer, die Ordnung bringen.[184]

Die Abstammung der Dynastie von der Sonne wurde am Anfang der inkaischen Expansion offenbart, wenn wir der relativen Chronologie der historischen Traditionen folgen. Statt „dem Bilde Gottes entsprechend" oder „Werkzeug Gottes" zu sein – Rollen, die im christlichen Denken der Spanier einen Menschen kennzeichnen konnten –, waren die Inka Teil der Gottheit selbst: sie wurden „mehr als Menschen".[185] Weil ihr Vorfahr ein Schöpfer war – in dem Sinn eines Wesens, das Ordnung ins Chaos bringt –, waren auch sie Schöpfer.

Die Inka bildeten eine Klasse von Wesen, die anderen Menschen überlegen war. Nachdem diese Gleichsetzung stattgefunden hatte, war die Nähe zu der Linie, die den speziellen Status vererbte, entscheidend. Es gab Inka verschiedenen Grades. Vor diesem Hintergrund erklärt sich eine Anordnung Pachacutis:

„Er befahl und erließ, daß diejenigen aus seiner Abstammungslinie und seine Nachkommen, wenn sie echte Inka durch Abstammung in männlicher und weiblicher Linie aus der Stadt Cuzco waren (und das sagte er, weil er einige seiner

Töchter an lokale Herrscher gegeben hat, sowie viele Töchter von Männern seiner Abstammungslinie, und sie an diese Herrscher verheiratet hat, um sie sich und der Herrschaft Cuzcos zu unterwerfen, und diese Anordnung betraf sie nicht), eine oder zwei Falkenfedern als Zeichen an ihrem Kopfschmuck tragen sollten, damit sie erkannt und behandelt und verehrt wurden von allen Menschen als seine Nachkommen; und wenn jemand anderes dieses Symbol, daß er aus Cuzco sei und zu den wichtigen Menschen gehöre, nutzte, würde er dafür sterben."[186]

Die Inka verwandelten die andine Landschaft. Die Veränderung der Menschen durch die Inka war so wichtig wie die materiellen oder institutionellen Veränderungen. Andine Völker gehörten nicht einer Art von Wesen an, sondern vielen. Wenn eine Gruppe von Wesen mächtig wurde, konnte sie ihre Beziehungen zu den anderen neu definieren. Es war dieser Prozeß der Neudefinition, der hinter der Umwandlung Cuzcos stand. Wie durch ihren Vorfahren, den Sonnengott, fand eine Schöpfung statt, und das Schicksal aller Beteiligten änderte sich.

Glossar

adobe	Spanische Bezeichnung für luftgetrocknete Lehmziegel.
ají	Spanische Bezeichnung aus den Taino-Sprachen der Karibik. Chili-Pfeffer, Capsicum frutescens.
arpa	Bestimmte Opferform.
atisca	Eine *huaca* (siehe dort), die getötet worden war, wurde als ‚atisca‘ bezeichnet.
ayllo	Hier allgemein für eine Gruppe von Menschen verwendet.
ayllos	Bolas. Waffen zu Jagd- und Kampfzwecken, aus meist drei durch Schnüre verbundenen Steinen, die auf die Beine eines Jagdtieres oder Menschen geworfen wurden.
ayllusca	Ein Wettspiel, bei dem eine Schlange aus Stoff in die Luft geworfen und mit einer Bola „gefangen“ wurde. Wurde gewöhnlich von dem Inka-Herrscher und Vertretern des Besitzes der Sonne gespielt. Gespielt wurde um Land der Sonne und wohl im Gegenzug auch um das des Herrschers.
caca	Mutterbruder eines Mannes. Außerdem die Männer, mit denen ein Mann über seine Ehefrau verwandt war.
cacacuzcos	Wörtlich, die Schwäger der Inka.
camayo	Jemand, der den Inka diente, indem er auf Dauer eine bestimmte Arbeit leistete oder ein Handwerk ausübte. Diese Arbeiter verfügten über Felder für ihren eigenen Unterhalt.
cantares	Spanische Bezeichnung für die Lieder oder Gesänge, die über das Leben jedes Inka-Herrschers verfaßt und bei verschiedenen Anlässen öffentlich vorgetragen wurden.
capac	Wenn der Begriff nach einem Namen steht, bedeutet er „viel mehr als ein Herrscher“, das heißt „heiliges Herrschertum“.
capacocha	Von den Inka organisiertes Menschenopfer, in Cuzco und den Provinzen durchgeführt.
capac raymi	Eines der beiden jährlichen Feste zur Sonnenwende. Bei diesem wurden junge Männer, die zu den Inka gehörten, als Erwachsene initiiert.
ceque	Wörtlich „Linie“. Der Begriff bezieht sich auf die imaginären Linien, die eine bestimmte Gruppe von Heiligtümern verbanden. Diese Linien gingen von oder bei der Coricancha aus oder von einer anderen Linie. Von der Idee her ähnelte die Anordnung der *ceque* der eines *quipo*, auf dem die Heiligtümer festgehalten wurden.
churi	Ein Wort, das „Sohn“ bedeutet, wenn der Sprecher ein Mann ist. Der Begriff bezieht sich auch auf die jüngeren

	Mitglieder der eigenen patrilinearen Abstammungsgruppe, von einem Mann gebraucht.
conopas	Heilige Objekte, die einzelnen Haushalten gehörten.
coya	Die Frau, die die Hauptfrau des Inka-Herrschers war.
cumpi	Feiner Stoff.
curaca	Eine Gruppe von Führern des Dezimalsystems, zusammengesetzt aus jenen, die 100 oder mehr Haushalten vorstanden.
huaca	Ein Schrein, ein Heiligtum, ein übernatürliches Wesen.
huahua	Die Bezeichnung für einen Sohn oder eine Tochter, wenn die Sprecherin eine Frau war. Auch eine allgemeine Bezeichnung für Nachkommen.
huaoque	Bruder eines Mannes. Auch Bezeichnung für die Angehörigen der eigenen patrilinearen Abstammungsgruppe, die so alt wie man selbst oder älter waren, von einem Mann gebraucht.
huaranca	Eine Einheit des Dezimalsystems aus 1 000 Haushalten.
huarmi churi	Ein weiblicher *churi*.
huno	Eine Einheit des Dezimalsystems aus 10 000 Haushalten.
inti	Die Sonne, bei den Inka eine Gottheit. Auch der Name einer steinernen Vogelfigur, die als heiliger Haushaltsgegenstand von den Inka aufbewahrt wurde.
inti raymi	Das wichtigste Sonnenwendfest.
intipchurin	Wörtlich „Nachkomme der Sonne", allgemein ein Angehöriger der Abstammungsgruppe der Sonne, das heißt der Herrscherdynastie.
mallquis	Die mumifizierten Vorfahren, die verehrt wurden.
michoc	Der Assistent eines inkaischen Provinzgouverneurs.
mita	Eine abwechselnd ausgeführte Aufgabe.
mitayo	Jemand, der zeitweilig für die Inka Dienste leisten muß.
mitima	Jemand, der umgesiedelt worden war, um den Inka dauerhaft Dienste zu leisten. Deshalb war eine solche Person auch gleichzeitig immer ein *camayo* (siehe dort).
mocha	Ein Opfer an die *huaca*, von religiösen Spezialisten ausgeführt, bestand aus der Geste eines Kusses.
orejones	Spanische Bezeichnung, bedeutet „Großohren". Wurde für die Männer aus der inkaischen Abstammungsgruppe verwendet, die goldene Ohrpflöcke trugen.
pacarisca	Der Ort, aus dem eine bestimmte Gruppe von Menschen hervorgekommen war, ihr mythischer Ursprung, wie eine Höhle oder eine Quelle.
pachaca	Eine Einheit des Dezimalsystems aus 100 Haushalten.
pana	Schwester, wenn der Sprecher ein Mann ist.
panaca	Die Teilgruppe der Inka-Dynastie, die von einem bestimmten Herrscher abstammt.

purucaya	Ein umfangreiches Ritual, das einige Zeit nach dem Tod eines Inka-Herrschers abgehalten wurde.
quipo	Ein mnemotechnisches Hilfsmittel aus Knotenschnüren, das numerische Angaben festhalten konnte und vielleicht auch dazu diente, das Auswendiglernen und die Wiedergabe von mündlichen Überlieferungen zu unterstützen.
quipocamayo	Ein Beamter, der *quipo*-Aufzeichnungen führte.
saya	Die Bezeichnung für Teil eines Ganzen. Beispielsweise wurden Inka-Städte gewöhnlich in zwei Teile gegliedert: Hanansaya und Hurinsaya.
suyo	Die Bevölkerung des Reiches war in vier Teile geteilt, die zusammen als Tahuantinsuyo bezeichnet wurden. Einzeln hießen die Teile Chinchaysuyo, Andesuyo, Condesuyo und Collasuyo.
tambo	Ein Raststelle an den Straßen der Inka.
uncu	Männer-Hemd.
ususi	Eine andere Bezeichnung für Tochter, von einem Mann gebraucht.
viñachini	Auf-, großziehen.
viñakmaci	Altersgenossen, oder jene, die zusammen aufgezogen wurden.
viñay	Generation.
yanacona	Menschen, die dazu bestimmt wurden, einer Person oder einem übernatürlichen Wesen zu dienen.

Anmerkungen

1 Prescott 1921, Buch III, Kap. II, S. 202–214; Hemming 1970, S. 23–99.
2 Rowe 1946, S. 183–192, Karte 3 und 4.
3 Guaman Poma de Ayala, 1936, S. 982; Betanzos, Tl. I, Kap. II, S. 13.
4 Ascher und Ascher 1981, S. 12–35.
5 Titu Cusi Yupanqui [1570] 1992.
6 Cieza de León 1984, Tl. II, Kap. XI–XII, S. 157–160; Sarmiento de Gamboa 1906, Kap. 9, S. 30–32.
7 Urton 1990, S. 1–10; Julien 2000.
8 Cieza de León 1984, Tl. II, Kap. IV, S. 149–150; Kap. IX, S. 156–157.
9 Cobo 1956, Buch 11, Kap. II, S. 59.
10 Acosta 1954, Buch 6, Kap. 19, S. 161–162.
11 Prescott 1921.
12 Als Beleg für den fehlenden historischen Wert der Berichte, die eine Abfolge von elf Herrschern nennen, wird ein Hinweis aus einem verlorenen Manuskript von Polo Ondegardo benutzt, das in der Arbeit von José de Acosta zitiert wird. Danach soll es zwei gleichzeitige Dynastien gegeben haben, die eine mit dem Hanansaya-Teil Cuzcos, die andere mit Hurinsaya verbunden. Die Inka hatten nach dieser Argumentation zwei Herrscher bzw. eine Diarchie. Die Gattung oder Gattungen, auf denen die spanischen „Geschichten" beruhten, sollen sich nicht wirklich auf die Vergangenheit bezogen haben, sondern bestanden aus Mythen, in denen die Sozialorganisation kodiert war (Duviols 1980; Zuidema 1964, S. 126–127). Polo, so wie er von Acosta zitiert wird, sagt nicht, daß die Herrscher aus Hanansaya und Hurinsaya gleichzeitig waren, sondern nur, daß sie alle von Manco Capac abstammten (Rowe 1993–94). Polos Bericht war die Quelle für die Geschichte der Inka, so wie sie Cobo wiedergibt. Da Cobos Buch die normale Abfolge der 11 Herrscher enthält (Cobo 1956, Buch 11, Kap. II–XVII, S. 58–94), ist es unwahrscheinlich, daß Polos verlorener Bericht etwas anderes als die dynastische Linie beschreibt.
13 Lévi-Strauss, 1966. S. 217–244.
14 Sarmiento de Gamboa 1906, Kap. 17, S. 45.
15 Castro and Ortega Morejón 1974, S. 93–95; Levillier 1940, Bd. II, S. 20, 40–41, 57, 60, passim; Cieza de León 1984, Tl. II, Kap. IX, S. 156–157.
16 Betanzos 1987, Tl. I, Kap. VII–XXXII, S. 27–150.
17 Sarmiento de Gamboa 1906, Kap. 9, S. 31. Sarmientos Bericht könnte auf einer *quipo*-Aufzeichnung über die Eroberungen Topa Incas beruhen, die auch in Dokumenten beschrieben wird, die Nachkommen dieses Inka 1568 vorlegten (Rowe 1985). Er könnte auch einen Bericht von Polo Ondegardo ausgewertet haben, in dem dieser seine Suche von 1559–1560 nach den Mumien der früheren Herrscher beschreibt (Hampe Martínez 1982), da Sarmiento Angaben über diese am Ende jeder Lebensgeschichte eines Herrschers macht.
18 Polo de Ondegardo 1940, S. 154.
19 Sarmiento de Gamboa 1906, Kap. 9–14, S. 30–43.

20 Sarmiento de Gamboa 1906, Kap. 11, S. 33; Pachacuti Yamqui Salca-maygua 1993, fol. 8v, S. 198; Guaman Poma de Ayala 1936, S. 79, 264; Bauer 1992, S. 48–56. Urton 1990, S. 32–35.

21 Sarmiento de Gamboa 1906, Kap. 12, S. 35; Cieza de León 1984, Tl. II, Kap. VI–VII, S. 152–155; Julien 1991, S. 107–109.

22 Sarmiento de Gamboa 1906, Kap. 11, S. 34; Kap. 12, S. 36.

23 Webster 1977, S. 36–40.

24 Guaman Poma de Ayala 1936, S. 300, 848; Arriaga [1618] 1968, S. 215.

25 Sarmiento de Gamboa 1906, Kap. 11, S. 30; Kap. 13, S. 39–40.

26 Sarmiento de Gamboa 1906, Kap. 14, S. 41–42; Rowe 1994, S. 173–187.

27 Levillier 1940, Bd. II, S. 182–195. Sherbondy hat eine Rekonstruktion auf der Basis eines nicht-inkaischen Berichtes vorgelegt, in dem es heißt, die Guallas seien Verwandte der Inka gewesen (1992, S. 53–54).

28 Sarmiento de Gamboa 1906, Kap. 14, S. 41–42; Kap. 17, S. 47; Kap. 18, S. 48.

29 Betanzos 1987, Tl. I, Kap. XXVII, S. 131–132; Sarmiento de Gamboa 1906, Kap. 11, S. 33; Kap. 48, S. 18.

30 Sarmiento de Gamboa 1906, Kap. 19–22, S. 49–54.

31 Sarmiento de Gamboa 1906, Kap. 24–25, S. 56–59.

32 Betanzos 1987, Tl. I, Kap. XVIII, S. 87.

33 Sarmiento de Gamboa 1906, Kap. 25, S. 58; Kap. 34, S. 71–72.

34 Rowe 1946, S. 206.

35 Betanzos 1987, Tl. I, Kap. XVIII-XIX, S. 87–97.

36 Sarmiento de Gamboa 1906, Kap. 37, S. 75–77.

37 Sarmiento de Gamboa 1906, Kap. 38, S. 77–80; Rowe 1946, S. 206.

38 Sarmiento de Gamboa 1906, Kap. 40–41, S. 80–84.

39 Sarmiento de Gamboa 1906, Kap. 44, S. 87; Kap. 46, S. 89.

40 Cieza de León 1984, Tl. II, Kap. IV, S. 149–150; Kap. XLI–XLIII, S. 191–194; Kap. LII–LV, S. 201–205; Sarmiento de Gamboa 1906, Kap. 49–50, S. 96–97.

41 Sarmiento de Gamboa 1906, Kap. 49, S. 95–96.

42 Sarmiento de Gamboa 1906, Kap. 58, S. 104; Kap. 60–62, S. 105–111; Rowe 1985, S. 215.

43 Sarmiento de Gamboa 1906, Kap. 63–67, S. 112–124.

44 Vansina 1985, S. 130–133, 176–178.

45 Betanzos 1987, Tl. I, Kap. XI, S. 49–53; Kap. XII, S. 55–56.

46 Betanzos 1987, Tl. I, Kap. XII, S. 55–58; Kap. XIII, S. 59–63.

47 Betanzos 1987, Tl. I, Kap. XII, S. 57; Kap. XIII, S. 63.

48 Betanzos 1987, Tl. I, Kap. XIII, S. 63.

49 Guaman Poma 1936, S. 84, 117–118, 337, 740.

50 Sarmiento de Gamboa 1906, Kap. 13, S. 40–41.

51 Rowe 1979 a, S. 54–57; González Corrales 1984, S. 37–45.

52 Sarmiento de Gamboa 1906, Kap. 19, S. 49.

53 Sarmiento de Gamboa 1906, Kap. 19, S. 49–50; Rowe 1967, Anm. 21, S. 68–69.

54 Betanzos 1987, Tl. I, Kap. XVI, S. 77.

55 Rowe 1967, S. 60 u. Abb. XXXIV; Sarmiento de Gamboa, 1906, Kap. 53, S. 100–101; Betanzos 1987, Tl. I, Kap. XVI, S. 77–78.

56 Betanzos 1987, Tl. I, Kap. XIII, S. 59–61; Sarmiento de Gamboa 1906, Kap. 32, S. 70.
57 Betanzos 1987, Tl. I, Kap. XVI, S. 77; Sarmiento de Gamboa 1906, Kap. 30, S. 67.
58 Julien 1996.
59 Sarmiento de Gamboa 1906, Kap. 27, S. 63; Kap. 53, S. 100–107; Valcárcel 1934; Cieza de León 1984, Tl. II, Kap. XLVIII, S. 197–198.
60 Rowe 1979a, S. 22–23.
61 Rowe 1979a, Anhang S. 72.
62 Rowe 1944, S. 26–41, Abb. 9; Gasparini and Margolies 1980, S. 220–234.
63 Niles 1988.
64 Betanzos 1987, Tl. I, Kap. VIII, S. 32; Kap. X, S. 49–50.
65 Betanzos 1987, Tl. I, Kap. XI, S. 50.
66 Betanzos 1987, Tl. I, Kap. XI, S. 50–53.
67 Polo 1940, S. 146; Rowe 1967, S. 62 und Anmerkung 38; 1979a, S. 26–27, 36–37, 54–55, 56–57.
68 Rowe 1946, S. 254; Lounsbury 1986, S. 131; Zuidema 1977, S. 240–255; 1967; Silverblatt 1987, S. 4–5.
69 Lounsbury 1986, S. 132–134.
70 González Holguín 1952, S. 270.
71 González Holguín 1952, S. 351.
72 González Holguín 1842, fol. 96v-97.
73 González Holguín 1952, S. 122, 184, 270, 359.
74 Sarmiento de Gamboa 1906, Kap. 29, S. 66.
75 Pérez Bocanegra, S. 611–613; González Holguín 1842, fol. 96v, 99.
76 Rostworowski 1993, S. 135.
77 Sarmiento de Gamboa 1906, Kap. 11, S. 33–34.
78 Sarmiento de Gamboa 1906, Kap. 42, S. 84.
79 Sarmiento de Gamboa 1906, Kap. 43, S. 85–86.
80 Pachacuti Yamqui Salcamaygua 1993, fol. 8, S. 197.
81 Guaman Poma de Ayala 1936, S. 454, 505, 788.
82 Webster 1977, S. 36–40.
83 Cieza de León 1984, Tl. II, Kap. XLIII, S. 193–194.
84 Betanzos 1987, Tl. 1, Kap. XVI, S. 77–78; Kap. XXXVI, S. 167; Kap. XXXIX, S. 175; Kap. XL, S. 179.
85 Sarmiento 1906, Kap. 47, S. 93; Betanzos 1987, Tl. I, Kap. XVI, S. 78.
86 Betanzos 1987, Tl. I, Kap. XVI, S. 77–78.
87 Rowe 1967, S. 61, und Anmerkungen 21–22, S. 68–69.
88 Rowe 1979a, S. 2–5.
89 Rowe 1985, S. 55–59, 70–71, Abb. 7 u. 8.
90 Rowe 1985, S. 44–57.
91 Betanzos 1987, Tl. I, Kap. XVI, S. 77–78.
92 Santillán 1879, S. 13, 30.
93 Betanzos 1987, Tl. I, Kap. XXVII, S. 132; siehe auch Cieza de León 1984, Tl. II, Kap. XX, S. 169–170.
94 Arriaga 1968, Kap. II, S. 202–204.
95 Betanzos 1987, Tl. I, Kap. XXX–XXXII, S. 141–150; Kap. XXXIX, S. 177; Kap. XLIV, S. 189–190; Sarmiento 1906, Kap. 31, S. 68; Kap. 47, S. 92–93.

96 Sarmiento de Gamboa 1906, Kap. 44, S. 87; Cieza de León 1984, Tl. II, Kap. XX, S. 169–170; Cobo 1956, Buch 13, Kap. XXII, S. 203; Arriaga 1968, Kap. II, S. 201.

97 Cieza de León 1984, Tl. II, Kap. XIII, S. 160–161; Kap. XX, S. 169–170.

98 Arriaga 1968, Kap. V, S. 213–214; Santillán 1879, S. 35; Cieza de León 1984, Tl. II, Kap. X, S. 157.

99 Cieza de León 1984, Tl. II, Kap. XXVII, S. 176–178; Kap. L, S. 199–200; Santillán 1879, S. 31, 102–103; Polo de Ondegardo 1940, S. 183–185.

100 Polo de Ondegardo 1872, S. 19.

101 Betanzos 1987, Tl. II, Kap. XXIX, S. 291.

102 Betanzos 1987, Tl. II, Kap. XVII, S. 85–86; Santillán 1879, S. 102–103.

103 Die Ehefrau Pachacutis erhielt zwei kleine Orte nahe Cuzco, Frauen und *yanacona* (Betanzos 1987, Tl. I, Kap. XVII, S. 85). Pachacutis *huaoque* besaß ebenfalls Häuser, Land, Frauen und *yanacona* (Sarmiento de Gamboa 1906, Kap. 47, S. 94)

104 Cieza de León 1984, Tl. II, Kap. XI, S. 157–159; Betanzos 1987, Tl. I, Kap. XVII, S. 85–86.

105 Rostworowski 1993, S. 269; Anton Siguan und Anton Tito, in Levillier 1940, Bd. II, S. 113.

106 Sarmiento de Gamboa 1906, Kap. 34, S. 71–72; Rowe 1990, S. 144–145.

107 Sarmiento de Gamboa 1906, Kap. 50, S. 96–97.

108 Cieza de León, Kap. XXIX; Santillán 1879, S. 34–35; Albornoz 1967, S. 164, 196.

109 Albornoz 1967, S. 175

110 Santillán 1879, S. 32–34.

111 Rowe 1960; Pease 1973.

112 Betanzos 1987, Tl. I, Kap. XI, S. 49; Kap. VIII, S. 32; Sarmiento de Gamboa 1906, Kap. 10, S. 33; Kap. 27, S. 62; Kap. 59, S. 105; Polo 1872, S. 58–59; Molina 1989, S. 60–61.

113 Molina 1989, S. 53–55, 67, 69; Betanzos 1987, Tl. I, Kap. XLV, S. 192. Das Problem ist eng mit der inkaischen Auslegung des spanischen Einfalls verbunden. Die Spanier wurden „Viracocha" genannt, wie Polo festhält, weil die Inka in Cuzco gerade umfangreiche Opfer an dieses übernatürliche Wesen beendet hatten, als sie erfuhren, daß Atahuallpa von völlig Fremden gefangengenommen wurde. (1940, S. 154).

114 Arriaga 1968, S. 213.

115 Falcón 1867, S. 466–468; Murúa 1946: 332–334

116 Pachacuti Yamqui Salcamaygua 1993, fol. 33v–34, S. 249–250.

117 Uhle 1903.

118 Menzel and Rowe 1966.

119 Sarmiento de Gamboa 1906, Kap. 7, S. 27.

120 Sitio del Cuzco 1934, S. 121.

121 Ramos Gavilán 1988, Buch 1, Kap. XXIX, S. 176.

122 Sarmiento de Gamboa 1906, Kap. 26–27, S. 60–64.

123 Pachacuti Yamqui Salcamaygua 1993, fol. 20, S. 221; fol. 22v–23, S. 226–227; fol. 26v–27v, S. 234–236.

124 Sarmiento de Gamboa 1906, Kap. 14, S. 43; Betanzos 1987, Tl. I, Kap. VI, S. 220.

125 Julien 1993, S. 186.
126 Julien 1991, S. 11–12, 107, 121.
127 Polo de Ondegardo 1872, S. 22–23, 42–43, 54–55; Guaman Poma de Ayala 1936, S. 852; Julien 1991, S. 112–113.
128 Julien 1993, S. 186; Ramos Gavilán 1988, Kap. IV, S. 39; Kap. XII; Cobo 1956, Buch 13, Kap. XVIII, S. 189–194.
129 Cobo 1956, Buch 12, Kap. XXIII, S. 109–111; Cieza de León 1984, Tl. I, Kap. LXXV, S. 100–101; Kap. XVII, S. 164–166; Kap. XXII, S. 171–173; Acosta 1954, Buch 6, Kap. 12, S. 192–193; Villanueva Urteaga 1971; Ortíz de Zúñiga 1972, S. 25–27, 34, 47, 177, 197, 227–229; Ramírez Velarde 1970.
130 Rowe 1982, S. 96–97; Julien 1983, S. 78–81.
131 Julien 1983, Karte 3, S. 24–26.
132 Julien 1983, S. 9–33, Karte 2.
133 Julien 1982; Diez de San Miguel 1964.
134 Julien 1982, S. 138–140; 1988, S. 269.
135 Julien 1987, S. 80.
136 Glave 1989, S. 17.
137 Julien 1993, S. 184–186.
138 Rowe 1982, S. 97–102; Villanueva Urteaga 1971.
139 Rowe 1982, S. 105–107; Villanueva Urteaga 1971, S. 139.
140 Glave 1989, S. 11–12; Hampe Martínez 1979, S. 91; Miranda 1925, S. 157.
141 Ramos Gavilán 1988, Kap. IV; Kap. XII; Cobo 1956, Buch 13, Kap. XVIII, S. 189–194.
142 Cieza de León 1984, Tl. I, Kap. XCVIII, S. 122–123; Kap. CVI, S. 129–130; Tl. II, Kap. LII, S. 201–202; Kap. LXI, S. 212.
143 Espinoza Soriano 1969, S. 25.
144 Byrne de Caballero 1977; Wachtel 1982.
145 Ramírez Valverde 1970.
146 Julien 1985, S. 194, Tafel 9.4; 1991; Murúa 1946, Buch 4, Kap. XI, S. 397–398; Galdos Rodríguez 1986; 1987, S. 95–120.
147 Albornoz 1967, S. 20–21.
148 Cieza de León 1984, Tl. I, Kap. LXIV, S. 186; 1986, Tl. II, Kap. XVI, S. 44.
149 Molina 1989, S. 98–110.
150 Pachacuti Yamqui Salcamaygua 1993, fol. 33v, S. 248; fol. 36 S.253.
151 Polo de Ondegardo 1872, S. 85–86.
152 Rowe 1979a, S. 24–25, 26–27, 58–59; Discurso 1906, S. 152.
153 Cobo 1956, Buch 12, Kap. XXVII, S. 120; Falcón 1867, S. 461, 471–472; Guaman Poma de Ayala 1936, S. 338; Polo de Ondegardo 1872, S. 68–72; 1940, 33, 136–137, 165.
154 Cobo 1956, Buch 12, Kap. XXV, S. 114; Bandera 1881, S. 99–100; Guaman Poma de Ayala 1936, S. 184, 346–349; Santillán 1879, S. 17–18; Diez de San Miguel 1964, S. 74, 117; Cieza de León 1984, Tl. II, Kap. XX, S. 168–170.
155 Bandera, Damián de la, 1965, S. 178.
156 Julien 1982; 1988.

157 Julien 1982.
158 Julien 1982.
159 Ortíz de Zúñiga 1967, S. 239–240.
160 Rowe 1982, S. 96–97, 105–107.
161 Rowe 1946, S. 267–268.
162 Murra 1956, S. 250–304; D'Altroy 1992, S. 219–221.
163 Ortíz de Zúñiga 1972, S. 25–27, 34, 47, 177, 197, 227–229.
164 Guaman Poma de Ayala benutzt den Begriff *mitayo*, um jemanden mit niedrigem Status zu bezeichnen (1936, S. 454, 758, 788, 848–849).
165 Falcón 1867, S. 466–468; Murúa 1946, Buch 3, Kap. LXVII, S. 332–334.
166 Helmer 1955–57, S. 40–41.
167 AGI, Charcas 45, fol. 20v.
168 Julien 1998.
169 Byrne de Caballero 1977, S. 10.
170 Sarmiento de Gamboa 1906, Kap. 59, S. 105.
171 Ortíz de Zúñiga 1972, S. 25–27, 34, 47, 177, 197, 227–229.
172 Cobo, 1956, Buch 11, Kap. XIV, S. 84–85; Betanzos 1987, Tl. I, 1987, Kap. XXXIV, S. 157.
173 Levillier 1918–1922, Bd. I, S. 198; Villanueva Urteaga 1971.
174 Gareis 1987, S. 371–416.
175 Rowe (John H.) 1979 b; Rowe (Ann P.) 1978, 1997.
176 Julien ms.
177 Betanzos 1987, Tl. I, Kap. III, S. 17–18; Kap. XLIV, S. 190; Guaman Poma de Ayala 1936, S. 257; Cobo 1956, Buch XIV, Kap. V, S. 244–245.
178 Niles 1987, S. 12–14, 207–215, Tafel 1.2; 1993, S. 146, Karte 3.1; Protzen 1993, S. 271.
179 Gasparini und Margolies 1980, Abb. 322; Protzen 1993, S. 91; Niles 1993, S. 157.
180 Protzen 1993, S. 279–283; Julien 1990; Gasparini und Margolies 1980, S. 79–93, Abb. 77, 259, 309; Hemming und Ranney 1982, S. 28, 52, 134–39; Fejos 1944, S. 20–28, 37–41, 56–58, Tafeln 1–4, 34–36, 77, 80.
181 Niles 1987, S. 61–86, 93–106, 106–114, 114–118; Gasparini und Margolies 1980, Abb. 262; Franco Inojosa 1935, S. 209–233.
182 Protzen 1993, S. 257–269; Niles 1993, S. 155–163.
183 Rowe 1990, S. 142–145.
184 Niles 1987, S. 204–205; 1993, S. 157–159.
185 Santillán 1879, S. 13, 30.
186 Betanzos 1987, Tl. I, Kap. XXI, S. 110.

Literatur

Abkürzungen

AGI Archivo General de Indias, Sevilla
AHP Archivo Histórico de Potosí, Potosí

Acosta, José de
1954 Historia Natural y Moral de las Indias [1590]. Obras del P. José de
      Acosta, S. 3–386. Estudio preliminar y edición de Francisco Mateos.
      Biblioteca de Autores Españoles (continuación), Tomo LXXIII. Edi-
      ciones Atlas, Madrid.

Albornoz, Cristóbal de
1967 Un inédit de Cristóbal de Albornoz: La instrucción para descubrir to-
      das las guacas del perú y sus camayos y haziendas. Par Pierre Duviols.
      Journal de la Société des Américanistes, Tome LVI-1, S. 7–40. Musée
      de l'Homme, Paris.

Arriaga, Pablo José de
1968 Extirpación de la idolatría del Perú. Crónicas Peruanas de Interés In-
      dígena. Edición y estudio preliminar de Francisco Esteve Barba. Bi-
      blioteca de Autores Españoles (continuación), Tomo CCIX, S. 193–
      277. Ediciones Atlas, Madrid.

Ascher, Marcia, und Robert Ascher
1981 The code of the quipo: a study in media, mathematics, and culture.
      University of Michigan Press, Ann Arbor.

Bandelier, Adolph F.
1910 The Islands of Titicaca and Koati. The Hispanic Society, New York.

Bandera, Damián de la
1965 Relación general de la disposición y calidad de la provincia de Gua-
      manga, llamada San Joan de la Frontera, y de vivienda y costumbres
      de los naturales della. Año de Relaciones geográficas de Indias, Biblio-
      teca de Autores Españoles, Bd. 183, S. 176–180. Ediciones Atlas,
      Madrid.

Bauer, Brian S.
1992 Pacariqtambo y el origen mítico de los Incas. Avances en Arqueología
      Andina, S. 41–63. Centro de Estudios Regionales Andinos „Bartolo-
      mé de las Casas", Cuzco.

Betanzos, Juan de
1987 Suma y Narración de los Incas [1551]. Transcripción, notas y prólogo
      por María del Carmen Martín Rubio. Ediciones Atlas, Madrid.

Byrne de Caballero, Geraldine
1977 Repartimiento de tierras por el Inca Huayna Capac (Testimonio de
      un documento de 1556). Universidad Boliviana Mayor de San
      Simón, Departamento de Arqueología, Museo Arqueológico, Cocha-
      bamba.

Castro, Cristóbal de, und Diego de Ortega Morejón
1974 La relación de Chincha [1558]. Edición de Juan Carlos Crespo. Hi-
      storia y Cultura, 8, S. 91–104. Museo Nacional de Historia, Lima.

Cieza de León, Pedro de
1984   Obras Completas. I. La Crónica del Perú. Las Guerras civiles perua-
        nas. Edición de Carmelo Saenz de Santa María. Monumenta Hispano-
        Indiana, V Centenario del Descubrimiento de América, II. Consejo
        Superior de Investigaciones Científicas, Instituto „Gonzalo Fernández
        de Oviedo", Madrid.
Cobo, Bernabé
1956   Obras del P. Bernabé Cobo de la Compañía de Jesús. 2 Tomos. Estu-
        dio preliminar y edición de Francisco Mateos. Biblioteca de Autores
        Españoles (continuación), Tomos 91–92. Ediciones Atlas, Madrid.
D'Altroy, Terence N.
1992   Provincial Power in the Inka Empire. Smithsonian Institution Press,
        Washington.
Diez de San Miguel, Garci
1964   Visita hecha a la provincia de Chucuito por Garci Diez de San Miguel
        en el año 1567. Versión paleográfica de la visita y una biografía del visi-
        tador por Waldemar Espinoza Soriano. Documentos Regionales para
        la Etnología y Etnohistoria Andinas, Vol. I. Casa de la Cultura, Lima.
Discurso
1906   Discurso de la sucesión y gobierno de los Yncas [c. 1570]. Juicio de
        Límites entre el Perú y Bolivia, prueba peruana presentada al gobierno
        de la República Argentina, edición de Victor M. Maúrtua, Tomo 8,
        S. 149–165. Tipografía de los Hijos de M. G. Hernández, Madrid.
Duviols, Pierre
1980   Algunas reflexiones acerca de las tesis de la estructura dual del poder
        incaico. Histórica, Vol. IV, no. 2 (diciembre), S. 183–196. Pontificia
        Universidad Católica del Perú, Fondo Editorial, Lima.
Espinoza Soriano, Waldemar
1969   El memorial de Charcas; „crónica" inédita de 1582. Cantuta, 4,
        S. 117–152. Universidad Nacional de Educación, Huancayo.
Falcón, Francisco
1867   Representación hecha por el Licenciado Falcón en Concilio Provincial,
        sobre los daños y molestias que se hacen a los indios [1567]. Colección de
        Documentos Inéditos, relativos al Descubrimiento, Conquista y Orga-
        nización de las Antiguas Posesiones Españoles de América y Oceanía
        y muy especialmente de Indias, edición de Luis Torres de Mendoza,
        Tomo XVII, S. 1–177. Imprenta de Frías y Compañía, Madrid.
Fejos, Paul
1944   Archeological Explorations in the Cordillera Vilcabamba, Southeastern
        Peru. Viking Fund Publications in Anthropology, No. 3. New York.
Franco Inojosa, José María
1935   Janan Kosko. Revista del Museo Nacional, Tomo IV, No. 1 (II seme-
        stre), S. 209–233. Museo Nacional de la Cultura Peruana, Lima.
Galdos Rodríguez, Guillermo
1986   Los yanaguaras de la Chimba de Arequipa. Revista del Archivo Gene-
        ral de la Nación, Vol. 9, S. 21–52. Lima.
1987   Comunidades prehispánicas de Arequipa. Fundación M. J. Busta-
        mante, Arequipa.

Gareis, Iris
1987   Religiöse Spezialisten des zentralen Andengebietes zur Zeit der Inka und während der spanischen Kolonialherrschaft. Klaus Renner Verlag, Hohenschäftlarn.

Gasparini, Graziano, und Luise Margolies
1980   Inca Architecture. Translated by Patricia J. Lyon. Indiana University Press, Bloomington.

Glave, Luis Miguel
1989   Un curacazgo andino y la sociedad campesina del siglo XVII. La historia de Bartolomé Tupa Hallicalla, curaca de Asillo. Allpanchis, año XXI, no. 33, S. 11–39. Instituto Pastoral Andina, Cuzco.

González Corrales, José
1984   Arquitectura y cerámica Killke del Cusco. Revista del Museo e Instituto de Arqueología, no. 23, S. 37–45. Universidad Nacional de San Antonio Abad, Cuzco.

González Holguín, Diego
1842   Gramática y arte nueva de la lengua general de todo el Perú llamada lengua Qquichua o lengua del Inca [1607].
1952   Vocabvlario de la lengva general de todo el Perv llamada lengua Qquichua o del inca. Nueva edición, con un prólogo de Raúl Porras Barrenechea. Imprenta Santa María, Lima.

Guaman Poma de Ayala, Felipe
1936   Nueva Corónica y Buen Gobierno [1615] (Codex péruvien illustré). Université de Paris, Travaux et Mémoires de l'Institut d'Ethnologie, XXIII. Institut d'Ethnologie, Paris.

Guillén Guillén, Edmundo
1991   Wila Oma: el último gran Intip Apun del Tawantinsuyu. El culto estatal del imperio Inca, editado por Mariusz S. Ziólkowski, S. 75–80. Centro de Estudios Latinoamericanos (CESLA), Warsaw.

Hampe Martínez, Teodoro
1979   Relación de los encomenderos y repartimientos del Perú en 1561. Historia y Cultura, 12, S. 75–117. Museo Nacional de Historia, Lima.
1982   Las momias de los Incas en Lima. Revista del Museo Nacional, Tomo XLVI, S. 405–418. Lima.

Helmer, Marie
1955/56 „La visitación de los yndios Chupachos" inka et encomendero, 1549. Travaux de l'Institut Français d'Etudes Andines, Tome V, S. 3–50. Paris-Lima.

Hemming, John, und Edward Ranney
1982   Monuments of the Incas. University of New Mexico Press, Albuquerque.

Hyslop, John
1984   The Inka Road System. Studies in Archaeology, Academic Press, Orlando and London.

Julien, Catherine Jean
1982   Inca Decimal Administration in the Lake Titicaca Region. The Inca and Aztec States, 1400–1800; Anthropology and History, edited by

George A. Collier, Renato I. Rosaldo, and John D. Wirth, S. 119–151. Academic Press, New York.

1983   Hatunqolla: A View of Inca Rule from the Lake Titicaca Region. University of California Publications in Anthropology, Vol. 15. University of California Press, Berkeley.

1985   Guano and Resource Control in Sixteenth-Century Arequipa. Andean Ecology and Civilization; An Interdisciplinary Perspective on Andean Ecological Complementarity, edited by Shozo Masuda, Izumi Shimada and Craig Morris, pp. 185–231. University of Tokyo Press, Tokyo.

1987   The Uru Tribute Category; Ethnic Boundaries and Empire in the Andes. Proceedings of the American Philosophical Society, Vol. 131, No. 1 (March), S. 53–91. The American Philosophical Society, Philadelphia.

1988   How Inca Decimal Administration Worked. Ethnohistory, Vol. 35, No. 3, S. 257–279. Durham.

1990   La metáfora de la montaña. Humboldt, 100, S. 84–89. Inter Nationes, Bonn.

1991   Condesuyo: The Political Division of Territory under Inca and Spanish Rule. Bonner Amerikanistische Studien, 19, Bonn.

1993   Finding a Fit: Archaeology and Ethnohistory of the Incas. Provincial Inca; Archaeological and Ethnohistorical Assessment of the Impact of the Inca State, edited by Michael A. Malpass, S. 177–233. University of Iowa Press, Iowa City.

1995   Oroncota entre dos mundos. Espacio, Etnías, Frontera; Atenuaciones políticas en el sur del Tawantinsuyu, siglos XV-XVII, editado y compiladopor Ana María Presta, Editora y Compiladora, S. 97–160. Ediciones ASUR, 4. Antropólogos del Surandino (ASUR), Sucre.

1996   La documentación presentada por la ciudad del Cuzco sobre el terremoto de 1650. Revista del Museo e Instituto de Arqueología, Vol. 25, S. 293–373. Cuzco.

1998   Coca production on the Inca frontier. Andean Past, Vol. 5, S. 129–160. Ithaca.

2000   Reading Inca History. University of Iowa Press, Iowa City.

ms.   Las tumbas de Sacsahuaman y el estilo Cuzco-Inca.

Levillier, Roberto

1918   La Audiencia de Charcas. Correspondencia de presidentes y oidores.
–22   Documentos del Archivo de Indias. Publicación dirigida por D. Roberto Levillier. Colección de Publicaciones Históricas de la Biblioteca del Congreso Argentino, Madrid, 3 Bände.

1921   Gobernantes del Perú. Cartas y Papeles, Siglo XVI, Tomo I. Publicación dirigido por D. Roberto Levillier. Colección de Publicaciones Históricas de la Biblioteca del Congreso Argentino. Sucesores de Rivadeneyra, Madrid.

1940   Don Francisco de Toledo. Supremo organizador del Perú. Su vida, su obra (1515–1582). Tomo II. Sus informaciones sobre los Incas (1570–1572). Espasa-Calpe, S. A., Buenos Aires.

Lévi-Strauss, Claude

1966   The Savage Mind. University of Chicago Press, Chicago

120

Lounsbury, Floyd G.
1986   Some aspects of the Inka kinship system. Anthropological History of Andean Polities. Edited by John V. Murra, Nathan Wachtel and Jacques Revel. Cambridge University Press, Cambridge.

Lyon, Patricia J.
1985   Native South Americans: Ethnology of the least known continent. Waveland Press, Prospect Heights.

Menzel, Dorothy und John H. Rowe
1966   The Role of Chincha in Late Pre-Spanish Peru. Ñawpa Pacha, 4, S. 63–76. Institute of Andean Studies, Berkeley.

Miranda, Cristóbal de
1925   Relación hecha por el Virrey D. Martín Enríquez de los oficios que se proveen en la gobernación de los reinos y provincias de Perú, 1583. Gobernantes del Perú, Cartas y Papeles, Siglo XVI, publicación dirigida por D. Roberto Levillier, Tomo IX, El Virrey Martín Enríquez, 1581–1583, S. 114–230. Imprenta de Juan Pueyo, Madrid.

Molina, Cristóbal de
1989   Relación de las fábulas y ritos de los Incas [1575]. C. de Molina; C. de Albornóz; Fábulas y mitos de los incas, edición de Henrique Urbano y Pierre Duviols, S. 47–134. Historia 16, Madrid.

Morris, Craig, und Donald E. Thompson
1985   Huánuco Pampa; An Inca City and its Hinterland. Thames and Hudson, London.

Murra, John Victor
1956   The economic organization of the Inca state. Thesis (Ph.D.), Department of Anthropology, University of Chicago, Chicago.

1972   El control „vertical" de un máximo de pisos ecológicos en la economía de las sociedades andinas. Visita de la Provincia de León de Huánuco en 1562. Iñigo Ortíz de Zúñiga, visitador, Tomo II. Visita de los Yacha y Mitmaqkuna cuzqueños encomendados en Juan Sánchez Falcón S. 429–476. Universidad Nacional Hermilio Valdizán, Facultad de Letras y Educación, Huánuco.

Murúa, Martín de
1946   Historia del origen y genealogía real de los Reyes Inças del Perú [c. 1605]. Introducción, notas y edición por Constantino Bayle, S.J., Biblioteca „Missionalia hispánica", vol. II, Consejo Superior de Investigaciones Científicas, Instituto Santo Toribio de Mogrovejo, Madrid.

1962   Historia general del Perú, origen y descendencia de los Incas ...
–64   [1615]. Introducción y notas de Manuel Ballesteros-Gaibrois. Bibliotheca Americana Vetus, I. Colección Joyas Bibliográficas, Madrid. 2 Tomos.

Niles, Susan A.
1987   Callachaca; Style and Status in an Inca Community. University of Iowa Press, Iowa City.

1988   Looking for „lost" Inca palaces. Expedition, Vol. 30, no 3, S. 56–64. The University Museum, University of Pennsylvania, Philadelphia.

1993   The Provinces in the Heartland: Stylistic Variation and Architectural Innovation near Inca Cuzco. Provincial Inca; Archaeological and Ethnohistorical Assessment of the Impact of the Inca State, edited by Michael A. Malpass, S. 145–176. University of Iowa Press, Iowa City.

Ortíz de Zúñiga, Iñigo

1967   Visita de la provincia de León de Huánuco en 1562. Tomo I. Visita de los cuatro waranqa de los Chupacho. Edición a cargo de John V. Murra. Universidad Nacional. Hermilio Valdizán, Facultad de Letras y Educación, Huánuco.

1972   Visita de la Provincia de León de Huánuco en 1562. Tomo II. Visita de los Yacha y Mitmaqkuna cuzqueños encomendados en Juan Sánchez Falcón. Edición a cargo de John V. Murra. Universidad Nacional Hermilio Valdizán, Facultad de Letras y Educación, Huánuco.

Pachacuti Yamqui Salcamaygua, Joan de Santa Cruz

1993   Relación de Antigüedades deste reyno del Pirú. Estudio Etnohistórico y Lingüístico de Pierre Duviols y César Itier. Institut Français D'Etudes Andines, Centro de Estudios Regionales Andinos „Bartolomé de Las Casas", Cuzco.

Pease G. Y., Franklin

1973   El Dios creador andino. Mosca Azul Editores, Lima.

Pérez Bocanegra, Juan

1631   Ritval formvlario e institvcion de cvras. Geronymo de Contreras, Lima.

Polo de Ondegardo

1872   Relación de los fundamentos acerca del notable daño que resulta de no guardar á los indios sus fueros. Junio 26 de 1571. Colección de Documentos Inéditos, relativos al Descubrimiento, Conquista y Organización de las Antiguas Posesiones Españoles de América y Oceanía y muy especialmente de Indias, edición de Luis Torres de Mendoza, tomo XVII, S. 1–177. Imprenta del Hospicio, Madrid.

1940   Informe al Licenciado Briviesca de Muñatones sobre la perpetuidad de las encomiendas del Perú [1561]. Revista Histórica, Vol. 13, S. 125–196. Instituto Histórico del Perú, Lima.

Prescott, William Hickling

1921   History of the Conquest of Peru. [1838] E. P. Dutton and Co., London.

Protzen, Jean-Pierre

1993   Inca Architecture and Construction at Ollantaytambo. Oxford University Press, New York, Oxford.

Ramos Gavilán, Alonso

1988   Historia del Santuario de Nuestra Señora de Copacabana [1621]. Transcripción, nota del editor e índices de Ignacio Prado Pastor. Ignacio Prado Pastor, Lima.

Rostworowski de Diez Canseco, María

1985   Patronyms with the consonant F in the Guaranga of Cajamarca. Andean Ecology and Civilization: An Interdisciplinary Perspective on Andean Ecological Complementarity, edited by Shozo Masuda, Izumi Shimada and Craig Morris, S. 401–421. University of Tokyo Press, Tokyo.

1993   Nuevos datos sobre tenencia de tierras reales en el incario. Ensayos de Historia Andina; Elites, Etnías, Recursos, S. 105–146. Instituto de Estudios Peruanos, Lima.

Rowe, Ann Pollard
1978   Technical Features of Inca Tapestry Tunics. The Textile Museum Journal, Bd. 17, S. 5–28. The Textile Museum, Washington D.C.
1997   Inca Weaving and Costume. The Textile Museum Journal, 1995–96, S. 4–53. The Textile Museum, Washington D.C.

Rowe, John Howland
1944   An Introduction to the Archaeology of Cuzco. Papers of the Peabody Museum of American Archaeology and Ethnology, Vol. XXVII, No. 2. Cambridge.
1946   Inca culture at the time of the Spanish Conquest. Handbook of South American Indians, edited by Julian H. Steward, Vol. 2, The Andean Civilizations, S. 183–330. Smithsonian Institution, Bureau of American Ethnology, Bulletin 143. Government Printing Office, Washington.
1960   The origins of creator worship among the Incas. Culture in History; Essays in Honor of Paul Radin, edited by Stanley Diamond, S. 408–429. Columbia University Press, New York.
1967   What kind of a settlement was Inca Cuzco? Ñawpa Pacha, 5, S. 59–76. Institute of Andean Studies, Berkeley.
1979a   An account of the shrines of ancient Cuzco. Ñawpa Pacha, 17, S. 1–80. Institute of Andean Studies, Berkeley.
1982   Inca Policies and Institutions Relating to the Cultural Unification of the Empire. The Inca and Aztec States, 1400–1800; Anthropology and History, edited by George A. Collier, Renato I. Rosaldo, and John D. Wirth, S. 93–118. Academic Press, New York.
1985   Probanza de los incas nietos de conquistadores. Histórica, Vol. IX, No. 2, S. 193–245, Departamento de Humanidades, Pontificia Universidad Católica del Perú, Lima.
1990   Machu Picchu a la luz de documentos del siglo XVI. Histórica, Vol. XIV, No. 1, S. 139–145. Departamento de Humanidades, Pontificia Universidad Católica del Perú, Lima.
1993/94 La supuesta „diarquía" de los Incas. Revista del Instituto Americano de Arte del Cusco, No. 14, S. 99–107. Cuzco.
1994   El barrio de C'ayau Cachi y la parroquia de Belén. Horacio H. Villanueva Urteaga, La casa de la moneda del Cuzco, Homenaje de la facultad de ciencias sociales y los amigos del autor, S. 173–187. Universidad Nacional de San Antonio Abad, Cuzco.

Santillán, Fernando de
1879   Relación del origen, descendencia, política, y gobierno de los Incas [1563]. Tres Relaciones de Antigüedades Peruanas, editados por Marcos Jiménez de la Espada, S. 1–133. Ministerio de Fomento, Madrid.

Sarmiento de Gamboa, Pedro
1906   Geschichte des Inkareiches von Pedro Sarmiento de Gamboa [1572]. Herausgegeben von Richard Pietschmann. Abhandlungen der König-

lichen Gesellschaft der Wissenschaften zu Göttingen, Philologisch-Historische Klasse, Neue Folge, Band VI, N. 4. Weidmannsche Buchhandlung, Berlin.

Sherbondy, Jeanette E.
1992   Water Ideology in Inca Ethnogenesis. Andean Cosmologies through Time. Edited by Robert V. H. Dover, Katharine E. Seibold, and John H. McDowell, S. 46–66. Indiana University Press, Bloomington.

Silverblatt, Irene
1987   Moon, Sun, and Witches; Gender Ideologies and Class in Inca and Colonial Peru. Princeton University Press, Princeton.

Sitio del Cuzco
1934   Relación del Sitio del Cusco y Principio de las Guerras Civiles del Peru hasta la muerte de Diego de Almagro. 1535–1539. Colección de Libros y Documentos referentes a la Historia del Perú, Tomo X (2 a. serie). Lima.

Titu Cusi Yupanqui
1992   Instrucción al Licenciado don Lope García de Castro [1570]. Estudio preliminar y edición de Liliana Regalado de Hurtado. Pontificia Universidad Católica, Fondo Editorial, Lima.

Uhle, Max
1903   Pachacamac. Report of the William Pepper, Peruvian Expeditions of 1896. Univ. of Pennsylvania, Dept. of Anthropology, Philadelphia.

Urrutia, Jaime
1985   Huamanga, región e historia, 1536–1770. Universidad Nacional de San Cristóbal des Huamanga, Ayacucho.

Urton, Gary
1990   The History of a Myth; Pacariqtambo and the Origin of the Incas. University of Texas Press, Austin.

Valcárcel, Luis Eduardo
1934   Sajsawaman redescubierto. Revista del Museo Nacional, Tomo III, nos. 1–2, S. 1–36, 211–233, Lima.

Vansina, Jan
1985   Oral Tradition as History. University of Wisconsin Press, Madison.

Villanueva Urteaga, Horacio
1971   Documentos sobre Yucay en el siglo XVI. Revista del Archivo Histórico del Cuzco, 13, S. 1–148. Cuzco.

Wachtel, Nathan
1982   The Mitimas of the Cochabamba Valley: The Colonization Policy of Huayna Capac. The Inca and Aztec States, 1400–1800; Anthropology and History, edited by George A. Collier, Renato I. Rosaldo, and John D. Wirth, S. 199–235. Academic Press, New York.

Webster, Steven S.
1977   Kinship and Affinity in a native Quechua Community. Andean Kinship and Marriage, edited by Ralph Bolton and Enrique Mayer, S. 28–42. Special Publication of the American Anthropological Association, No. 7, Washington.

Zuidema, Reiner Thomas
1964   The Ceque System of Cuzco; The Social Organization of the Capital
        of the Inca. E. J. Brill, Leiden.
1967   Decendencia paralela en una familia indígena noble del Cuzco. Fénix,
        Tomo 17, S. 29–62. Lima.
1977   Inca Kinship. Andean Kinship and Marriage, edited by Ralph Bolton
        and Enrique Mayer, S. 240–281. Special Publication of the American
        Anthropological Association, No. 7, Washington.

Register

126